启创 QI CHUANG 社会工作实务系列丛书

ERTONG KANGNILI SUCHENG BAODIAN
KANGNI XIAOSUIXING PEIYANG ZHINAN

# 儿童抗逆力速成宝典

## 抗逆小穗星培养指南

广州市启创社会工作服务中心　编

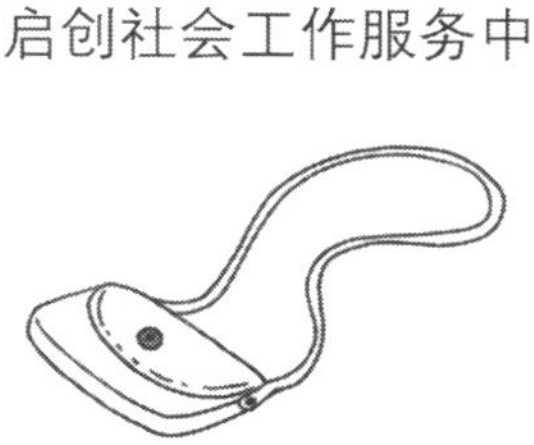

中国社会出版社
国家一级出版社 · 全国百佳图书出版单位

**图书在版编目（CIP）数据**

儿童抗逆力速成宝典：“抗逆小穗星”培养指南 / 广州市启创社会工作服务中心编．— 北京：中国社会出版社，2021.4

（启创社会工作实务系列丛书）

ISBN 978－7－5087－6523－5

Ⅰ.①儿…　Ⅱ.①广…　Ⅲ.①社会工作－社会服务－研究－中国②儿童教育－挫折教育－研究　Ⅳ.①D632 ②G61

中国版本图书馆 CIP 数据核字（2021）第 059773 号

---

**丛 书 名**：启创社会工作实务系列丛书
**书　　名**：儿童抗逆力速成宝典——“抗逆小穗星”培养指南
**编　　者**：广州市启创社会工作服务中心

---

**出 版 人**：浦善新
**终 审 人**：王　前
**责任编辑**：刘云燕

---

**出版发行**：中国社会出版社　　**邮政编码**：100032
**通联方式**：北京市西城区二龙路甲 33 号
**电　　话**：编辑部：（010）58124845
邮购部：（010）58124848
销售部：（010）58124845
传　真：（010）58124856
**网　　址**：www. shcbs. com. cn
shcbs. mca. gov. cn
**经　　销**：全国各地新华书店

中国社会出版社天猫旗舰店

---

**印刷装订**：河北鑫兆源印刷有限公司
**开　　本**：170mm×240mm　1/16
**印　　张**：9
**字　　数**：135 千字
**版　　次**：2021 年 4 月第 1 版
**印　　次**：2021 年 4 月第 1 次印刷
**定　　价**：35.00 元

中国社会出版社微信公众号

# 编委会

主　编：罗观翠　陈敏仪　刘玉珊

编　委：黄结笑　叶颖婷

# 前　言

儿童青少年在成长过程中无可避免地承受来自各方面的压力，遇到来自社会、学校、家庭等方面的挫折。像今年年初暴发的新冠肺炎疫情，严重威胁人民群众的生命安全和身心健康，儿童青少年成为被动体验的易感人群。在漫长的抗“疫”中，有的儿童青少年无法承受，出现了消极反应，甚至出现自杀等极端的行为；但有的儿童青少年能以积极的心态去面对新冠肺炎疫情带来的影响，并能顺利克服复课后的各种不适应，得到了更好的成长和发展。学者们指出，这种应对逆境和挫折的能力，即抗逆力，它是可以培养的。

抗逆力概念的提出，使实践理念由消极的问题取向转为积极的优势取向。同时，抗逆力框架能够清楚地界定危险因素和保护因素，从而识别案例主体或者系统的问题，为实践干预确定了方向，即如何减少危险、采取何种增强保护性作用的策略。抗逆力理论对于干预实践具有重要的作用！

为了提升儿童青少年对于逆境、挫折的适应力和迎接成长挑战的能力，响应党中央构建社会主义和谐社会的方针，2005 年，中山大学社会工作教育与研究中心在香港林护纪念基金会的支持下培育了广州本土第一批优秀的社工，同时联合我国香港一批资深社工的专业资源，得到广州市越秀区文德路小学、东山培正小学、农林下路小学、永曜北小学 4 所学校的支持，以学校作为基地，为学生推行“抗逆小穗星”小学生抗逆力培养课程（以下简称“抗逆小穗星”课程）。2008 年，罗观翠教授敢为人先，带领中山大学第一届社会工作专业毕业生黎玉婷、陈敏仪推动成立了广州市第一家社会工作机构"启创社会工作服务中心"（以下简称启创），把"抗逆小穗星"课程继续发扬光大。到2020年，这个服务已经推行了15个年头。这些年来，启创在提升儿童青少年抗逆力服务方面进行了积极有益的探索，逐步摸索到一些本土化的实践经验，而这些经验无疑是非常宝贵的。

本书集历年来课程主要负责人及主带人的心血，将过去的经验进行梳理和总结，打造了"抗逆力20个儿童体验游戏""抗逆力6个亲子互动小方法""抗逆力4项课堂转化应用""抗逆力5款创意小工具"4大主题抗逆宝典，希望能将15年的探索经验进行总结与提炼，与家长、老师及社工同行交流与分享。

"抗逆小穗星"课程组

2020年11月

## 序一

# 抗逆力，成长路必备

人生漫漫长路，际遇是最难预知的。由幼时学习走路、上学到就业、成家等每一阶段，都会遇到不同的挑战。许多人会说，这些都是成长中的必经阶段，或说人生不如意事十之八九，时间可以治愈不快。这些说法，都是有经历的人尝试将生活难题进行淡化的描述。但对于一个在成长路上刚起步的儿童青少年来说，无论是应对父母、师长的期望，还是与不同背景的同学朋辈相处，都会碰到各种各样自己不熟悉的困难和障碍，有时会显得不知所措，甚至出现许多负面情绪和行为。一般而言，人生的挑战来自两方面，一方面是在正常生命历程中预期会发生的，另一方面是一些不可预测的危机，就像今年年初突发的新冠肺炎疫情。无论是预期中的还是突发的，难题都是不能回避的。所以，一个儿童青少年是否能愉快成长，建立健康的人生方向和价值观，最关键的是，当个人遇到难题时，能否用有效的方式去解决。

“解难”是本书的焦点。问题不管大小都是生活的一部分，“解难”是个人成长过程中必须学会的技能。许多认知心理学的研究提出，应付挑战，除了问题或困难本身之外，更重要的是当事人以什么角度看事情，怎样理解问题，选择什么方法去应对，特别是在内心产生挫败感和负面情绪时，用什么态度去承担结果！本书提出——要培养儿童青少年应对逆境所需要的核心能力——“抗逆力”，即“复原力”（resilience），就是个人在经历困难、挫败，面对可预见及不可预见的挑战时，有能力从打击中恢复平常和正向的心理状态，并有所成长。

本书主要介绍了社工如何协助服务对象，特别是小学生学习和培养面对逆境时的复原力。其中的理论框架，是多年实践经验的总结，既参考了外地经验，也在广州本土多次应用过。因此，框架的可操作性强，效果也非常理想，值得推荐给社工同行、教育界及家长参照使用。服务框架的核心，在于鼓励儿童青少年从体验中学习。在这一过程中，社工既要有清晰的理论视角和服务目标，也要积累熟练的工作技巧，使参与者能获得愉快经验，同时提升其抗逆力。刚开始尝试应用此框架的社工，需要得到有经验的督导的支持，才能达到服务预期目标。

抗逆力的培养，要从小开始，去引导儿童青少年认识自我，有信心面对问题，主动和周围的人沟通，建立正面关系，勇于面对逆境。这些能力特质，对其个人成长必有所裨益。希望这项服务，能得到教育界、社工界、家长和关心儿童青少年服务的各界人士的积极支持和推动！

**罗观翠**

**广州市启创社会工作服务中心总监**

2020 年 11 月 11 日

## 序二

# 拥抱挑战

故事开始于2001年。当年，我有幸参与了香港某个提升小学生抗逆力的大型计划，并负责统筹课程的撰写和试教，设计小组活动、工作员手册，带领家长及老师工作坊，以及配合相关研究工作。在工作中，我发现这些课程及活动对提升小学生抗逆力有很明显的帮助，尤其是在提升他们的自信心、情绪管理技巧、解难技巧及与人沟通方面，作用特别显著。适逢2004年、2005年服务机构开拓内地的服务，同时得到中山大学罗观翠老师的邀请，于是我参考香港提升小学生抗逆力的经验，运用类似的概念及手法尝试在广州4所试点小学推广提升学生抗逆能力的课程，这个课程名为“抗逆小穗星”（课程名称是本人构想的）。十分荣幸，这4所小学都非常支持，亦动员全体老师参与老师工作坊。

我对当时的印象非常深刻。因为对内地的文化、教育制度和老师日常面对的困难等一无所知，老师们亦不太习惯通过互动游戏工作坊带出主题信息，本人惯用的冷笑话不得不需要调适。最难忘的是，当时有少部分来自其他省份的老师听不懂粤语，但我又只能继续用粤语进行工作坊（因为用普通话去主持，大部分老师都不会明白）。幸好老师们对计划理念及工作坊形式均能接受，他们的投入和灿烂的笑容，让我提升了不少自信。

老师及家长工作坊除了要介绍计划理念及老师、家长角色外，最重要的是希望老师、家长能在校内、家中建立抗逆文化，让学生在有利的环境下长大。老师及家长是学生身边最重要的人物，其身教作用非常重要。假如老师及家长明白计划的理念及提升小朋友抗逆力的重要元素，效果更会相得益彰。例如，当中提及“拥抱挑战”“延迟满足”“动怒处理”等概念，如果老师、家长们能灵活运用，对小孩的成长会非常重要。

很高兴启创社会工作服务中心将当年推行“抗逆小穗星”的宝贵经验辑录成书，期待更多城市能推行类似的课程，令新一代能更健康地成长！

**陈志雄**

**香港资深社工**

2020 年 11 月 11 日

# 目　录

# 第一章

# 抗逆力对儿童的重要性

埃里克森认为，人的自我意识发展持续一生。他把自我意识的形成和发展过程划分为8个阶段：婴儿期、儿童期、学龄初期、学龄期、青春期、成年早期、成年期和成熟期。这8个阶段的顺序是由生理和遗传决定的，但是每一阶段能否顺利度过却是由环境决定的。儿童在联合国《儿童权利公约》中的规定是0~18岁，在中国的未成年人保护法等法律中的规定也是0~18岁。本书聚焦在学龄期的儿童，即6~12岁的儿童。本章将会分析中国儿童成长的背景、提升抗逆力的迫切性、抗逆力服务的国内外先进经验及本土儿童抗逆力服务的探索及成果，让大家对本土抗逆力服务的探索有一个总体了解。

# 第一节　中国儿童的成长背景

儿童生活在家庭、学校和社会里，社会的变迁、家庭结构的改变、学校教育的改革，都会给儿童的健康成长带来巨大的挑战。在中国，20 世纪 80 年代以后，改革开放进程、生育政策变迁和教育改革都是儿童成长过程当中的重要社会环境影响因素。

## 一、改革开放对社会的影响

1978 年党的十一届三中全会后，中国开始施行对内改革、对外开放的基本国策，开始以经济建设为中心。改革开放 40 多年来，国民经济和国家整体实力有了大踏步的飞跃，大大提高和改善了中国人民的生活水平，中国社会在各方面都发生了巨大的变迁。根据逯长春[①]的研究，具体表现包括：

第一，人口流动与城乡分布结构变迁。在市场经济的驱动下，生产力得到了巨大的发展，推动了人口的地域流动，包括从农村流向城市，从中西部流向东南沿海城市，从小城镇流向大城市，从而产生了大量的流动儿童和留守儿童。人口流动对社会、家族和家庭结构都产生了深远的影响。

第二，社会文化生活变迁。20 世纪 70 年代末以来，社会文化生活日益丰富，表现在物质文化得到空前发展、精神文化产品产量激增、文化承载工具大量普及、外来文化多元而丰富、文化娱乐场所分布广泛等方面。网络、电脑和智能手机的普及，使年轻父母的家庭生活被电子化、娱乐化和碎片化。在父母的影响下，儿童网络成瘾的概率大大提高。

第三，家庭变迁。在改革开放的影响之下，家庭变迁也出现了一系列

---

① 逯长春：《变迁社会中的家庭教育：困境与发展对策》，载《广西师范学院学报（哲学社会科学版）》，2019 年第 1 期，第 33—35 页。

的特点，如：家庭结构的变迁，从大家庭变为小家庭，单亲家庭和混合家庭增多；婚姻观点的改变，对婚姻神圣的看法大为降低，很多家庭对男孩女孩教育都同等看重，不再有区别对待，家庭教育资源更加集中地用在有限的孩子身上；家庭生活的变迁，不仅在于物质的变化，更在于家庭成员思想观念与行为方式的变化，家族事务大大减少，小家庭生活的社会负担骤减，旅游成为今天家庭生活的重要组成部分。

## 二、生育政策的影响

1. 独生子女政策

1980 年，《中共中央关于控制我国人口增长问题致全体共产党员、共青团员的公开信》发表，独生子女政策在全国范围内推行，从此中国诞生了一个庞大的群体——独生子女。2005 年，独生子女数量达到 1.58 亿人（根据国家统计局 2005 年全国 1% 人口抽样调查主要数据公报）。独生子女群体备受社会关注，而独生子女的健康成长也成为社会共同关注的一个话题。独生子女的问题，具体表现如下：

第一，独生子女的家庭环境容易导致孩子交往产生障碍[①]。由于是独生，没有兄弟姊妹，家长对独生子女过分照顾，孩子衣来伸手饭来张口，受到过多的疼爱，容易形成不合群、不团结的性格，待人处事也会缺乏勇气和智慧，不懂与人合作，适应能力较差。家长的一些错误的教养态度，导致孩子形成不良性格。

第二，儿童的物质化和自我中心倾向[②]。市场经济条件下，人们往往容易忽视精神家园的建设。有的家长因为心思过多地放在对经济利益的追求上而对孩子缺乏陪伴，以物质宠溺孩子；有的家长缺乏对孩子精神世界和心理发展需求的关注；有的家长事事以孩子为中心，缺乏对其合群与规则意识的培养，从而导致儿童形成“以自我为中心的个性”。

---

① 韩文英：《独生子女家庭教育问题探析》，载《管理》2018 年第 10 期，第 45 页。

② 逯长春：《变迁社会中的家庭教育：困境与发展对策》，载《广西师范学院学报（哲学社会科学版）》2019 年第 1 期，第 36 页。

2. 二孩政策

2013 年 12 月，中国开始实施单独二孩政策。2015 年 10 月，中国共产党第十八届中央委员会第五次全体会议公报指出：坚持计划生育的基本国策，完善人口发展战略，全面实施一对夫妇可生育两个孩子政策，积极开展应对人口老龄化行动。在国家出台二孩政策后，很多家庭都迎来了第二个孩子。二孩的到来，使原来的家庭成员结构发生了变化，家长没有做好充分的准备，导致家庭教育出现问题，从而影响到孩子的健康成长。具体表现如下：

第一，家庭教育经验不足①。在家长决定迎接第二个孩子之前，没有与第一个孩子进行交流，没有听取大孩的想法，导致大孩认为父母不爱自己了。当二孩降生后，大孩就会产生巨大的心理落差，从而无法接受家庭的新成员，导致大孩产生心理问题。

第二，教育方式不当②。在二孩家庭中，由于很多家长还没来得及转变抚育两个孩子的身份，仍然沿用传统的教育方式，当两个孩子之间产生矛盾时，家长的处理方式不够合理，或者过于偏袒某一方，会导致两个孩子难以和谐相处，孩子也不知道该如何解决双方的冲突。

## 三、基础教育的改革

在教育改革发展的影响下，基础教育的改革也越来越受到重视。虽然这一改革一直都在进行中，根据王春一③的分析，依旧存在以下一些问题：

第一，教学方式单一陈旧。由于现阶段的小学依旧采取的是大班教学，一个老师需要对着 40 ~ 50 个学生上课，大部分老师依旧采取单向传授知识的方式，导致课堂内容过于枯燥乏味，无法调动学生的学习兴趣和上

---

① 龙德华、王建平：《二孩家庭的家庭教育策略研究》，载《科教文汇（上旬刊）》2020 年第 10 期，第 26 页。

② 龙德华、王建平：《二孩家庭的家庭教育策略研究》，载《科教文汇（上旬刊）》2020 年第 10 期，第 26 页。

③ 王春一：《新课改背景下小学教育改革的几点思考》，载《中国高新区》2018 年第 5 期，第 124 页。

课积极性。

第二，过度重视学业成绩。由于学生的成绩与老师的业绩、绩效挂钩，所以老师依旧过分关注学生的考试分数，而忽略了学生的全面发展，也导致老师会根据学生成绩的高低对学生的行为进行判断，不利于实现全面培养学生的教学目标。

第三，忽视学生心理健康。现在学校主要用在校成绩来评价学生，为了提高考试成绩给学生施加强大的压力，使学生在强大的压力之下循环往复地学习，日积月累，就会让学生对学习失去兴趣甚至产生焦虑、恐惧的情绪，严重影响学生的身心健康发展。

# 第二节 提升儿童抗逆力的迫切性

改革开放给国家经济带来腾飞，给社会带来变迁，给家庭带来变化，同时也给儿童的健康成长带来了新的问题和挑战，盲目攀比、网络成瘾、校园欺凌、违法犯罪、早恋、自杀等逐渐成为备受关注的儿童青少年问题。当代的儿童生长在一个转瞬即逝、千变万化的时代，在这样的变迁时代，他们难免会有些晕头转向，尽管他们的适应能力相对于父辈来说是有所增强的，但是他们所面对的风险因素却在大大地增加。而儿童抗逆力，正是儿童面对逆境时的自我复原力，抗逆力对于青少年的健康成长起着关键的作用。如何提高他们面对这些风险因素或者逆境的能力，是值得我们迫切关注的问题。至于早期介入的必要性，我们可以看到，在迅速发展变化的社会当中，当成年人面临的风险性因素增加的同时，儿童的成长环境也必然会涉及其中。

对于成年人而言，家庭突变、失业、面临重大的抉择等是他们的逆境。对于儿童而言，逆境则可能来自家庭当中父母的离异、关系不融洽，被父母责骂、被迫与父母分离或者家庭经济贫困等；也可能来自学校方面，学习一种新的东西或技能，被同学排斥或取笑，升读小学，转换学校或父母过分重视其学业表现等；也可能来自其个人方面，如长期患病，不喜欢自己的外形，被要求从事一些未达发展阶段的任务，没有机会做一些自己潜能和兴趣所在的事情，等等[①]。上述儿童所面临的问题，会同整个社会发展程度、家庭、学校及社区氛围联系在一起，共同作用于儿童的成长。在中国经济社会迅速发展变化的今天，来自社会、家庭、学校及社区的不断变化会对儿童的成长产生许多的冲击，如何培养儿童应对逆境中的

① 香港小童群益会：《培养幼儿处理逆境能力教师手册》，2001 年版。

困难，是家长、学校与社会关心的问题。

“预防胜于治疗”，儿童阶段是人类成长的重要阶段。在此阶段，儿童获取的知识、态度和技巧对日后成长有着重大的影响。不少专家指出，要有效地解决儿童的情绪心理问题，需要从第一层次的预防性工作开始做起[①]。因此，针对儿童抗逆力培养开展的服务计划确有其迫切性。

① 香港小童群益会：《培养幼儿处理逆境能力教师手册》，2001 年版。

# 第三节　抗逆力是什么

## 一、抗逆力的定义

对抗逆力的研究始于20世纪70年代的美国，但当其他的国家和地区使用这一语言时却出现了困难，比如在法语和西班牙语中便很难找出专门应对的词语。同样该词在华人社会里的翻译也有不少争论。我国台湾地区学者倾向于译为“复原力”，香港地区学者将其译为“抗逆力”，而大陆（内地）学者将其译为“心理弹力”“复原力”或“韧性”。在本书中，将沿用香港地区学者的译法，将resilience译为“抗逆力”。尽管不同的学者对于抗逆力的翻译不同，但对于这一概念的理解却有很大的共识。

在台湾地区，研究者蔡素妙[①]、吴丽琴[②]认为复原力等于韧性，是一个人处于危机或压力中时，个人具有的某些特质与能力。这些特质与能力，使得个人能在与困境的互动中，保护个人不受挫折或压力的影响，重新获得自我控制的能力，并发展出健康的行为和动力。

大陆研究者郝传慧、雷雳[③]将resilience一词译为“心理弹性”，并把它看作是应对压力、挫折或创伤等消极生活事件的能力。他们认为每个人都具有这种能力，所不同的只是心理弹性的大小，而不是全或无的区别。即使没有经历消极生活事件的个体也并不能说明不具有心理弹性，而可能只

① 蔡素妙：《921受创家庭复原力之变化分析研究》，彰化师范大学辅导与咨商系研究所硕士论文，2002年。

② 吴丽琴：《性侵害受害者之复原力探讨与建构》，载《辅导季刊》2003年第39期，第59页。

③ 郝传慧、雷雳：《青少年心理弹性的效用与提升》，载《中国青年研究》2007年第1期，第72页。

是没有表现出来而已，当他们面临挫折、逆境时同样可能会成功应对。于肖楠、张建新[①]将 resilience 一词译为“韧性”，并认为韧性是指面对丧失、困难或者逆境时的有效应对和适应，并指出当生活变化对人们造成威胁时，这种自我保护的生物本能就会展现出来。而来自个人、家庭、社会三方面的保护性因素之间会相互作用，从而组成动力系统，共同抵抗环境的不利影响。

美国学者 Edith H. Grotberg[②] 在国际抗逆力项目的相关研究报告中指出：抗逆力是一种普遍的能力，它可以使个人、团体或社区预防、减少或克服逆境带来的灾难性影响。

综上所述，抗逆力可以理解为个人的一种潜能，是个人面对困境或逆境时适应并恢复正常功能的一种能力。这种力量在个人成长的不同阶段以不同的行为方式表现出来，是个人自我促进与复原的能力。

## 二、抗逆力的内涵

蔡素妙将抗逆力分为个体内在的人格特质与能力和外在支持系统两个层面，并提出抗逆力的构成要素，包括：

第一，个人特质与能力。即具有自我价值感，对自己有积极的期待，内控性人格及有利的社会技巧。

第二，外在支持系统。有非正式的社会支持网络，有重要他人的关注和支持，有参与社会的机会。

Werner（1990）认为抗逆力可以分为三类保护因子：积极人格特质的建构、家庭支持系统的建立、社会支持和外在资源的建构。其中的七种保护因子包括：

第一，对于不同的照顾者能有情感的联结。例如祖父母、兄弟姊妹、亲戚、邻居。

---

① 于肖楠、张建新：《韧性——在压力下复原和成长的心理机制》，载《心理科学进展》2005 年第 5 期，第 659 页。

② Edith H. Grotberg.（1998）. A Guide to promoting resilience in children：strengthening the human spirit. http://resilnet. uiuc. edu/library/grotb95b. html.

第二，实际的社会化行为。例如对女孩不过度保护，强调涉险、独立及情绪支持。

第三，助人行为。例如，能协助照顾弟妹，担负家庭责任，分担家务。

第四，信仰。指的是凝聚感，如家庭的凝聚力、宗教的信仰等。

第五，友伴。能被同伴所喜欢，有亲密的友伴——补充而不是取代家人的亲密关系。

第六，喜爱学校。在学校中有正向经验。

第七，有喜欢的老师。能在教学之外提供信心、人格认同的正向模式。

郑锋铭[①]认为这些保护因子通过交互作用而产生抗逆力的行为。

综合上述学者的观点，笔者认为抗逆力的元素包括了两个方面：一是个人内在的特质；二是外在的支持系统，这些系统可以包括家庭、学校和社区。

## 三、抗逆力理论

1. 压力与处理视角[②]

这一视角提供了一个有关风险与保护因素之间概念化的框架。压力可以理解为环境刺激的负面影响，它包括长期的正常和非正常的生命事件。Lazarus 和 Folkman 的压力认知交互作用理论（1984）认为压力的意义、重要性和所经历的数量取决于个人三种形式的评估：初级、中级以及重估。其中：初级评估评估的是危险的数量；中级评估则是评估可以控制危险的能力和资源；当需要新的信息时，可以进行重估。评估会影响个人的自我效能感，发现有限的威胁或足够的资源，会带来个人自信心的提升。自我效能感直接影响处理方式的选择。处理是改变认知与行为的努力过程，以

① 郑锋铭：《受刑人家庭复原力的探讨》，载《网路社会学通讯期刊》。http://mail. nhu. edu. tw/ ~society/e－j/56/56－43. htm。

② James Patrick Coyle. （2005） . An Exploratory Study of The Nature of Family Resilience. PhD Thesis. The State University of New York. School of Social Work. pp. 18－24.

控制具体的内外要求，这些要求会被评估检验是否超出了个人的负荷。处理聚焦于控制环境背景，以问题为中心或强调对情绪的控制。有效的处理策略是发展性的，并随着儿童的成长而改变。年幼的儿童倾向于使用大的外部形式来处理，他们常依赖于父母，从而让自己做得更好些。年纪稍大的儿童则能够独立地处理问题，并且能在具体的压力情境下自我处理一些问题。

2. 生态系统视角

2004 年，Charles H. Zastrow 与 Karen K. kirst-A shman 合作出版的《理解人类行为与社会环境》（第六版）一书中，进一步阐述了个体与社会环境之间形成的多重系统以及两者之间的互动关系，他们把个体的生存环境看成一个完整的生态系统，个人也是生态系统的一部分。人的生态系统可分为三个基本层次：微观系统，指处在生态系统中的个人，个人也是一种生物的、心理的、社会的系统类型；中观系统，指与个人直接接触的小群体，比如家庭、单位、朋辈群体；宏观系统，指个体不直接接触的、比小群体更大的社会系统，比如社区、组织、政府，这三个系统之间相互联系、相互制约、相互影响①。生态视角理论②指出，系统之间的平衡有利于儿童的适应。此外，家庭和社区对儿童个人发展的影响应该被强调。父母的支持、亲子间的沟通对于儿童适应能力至关重要。

3. 风险与抗逆力框架

生态视角理论也认为，个人生活中的风险因素常包括生理上的缺陷、较低的社交技巧、个人或家庭功能的失调、社会环境的压力等。人们常常在提到个人风险因素时只看到它所呈现出来的表面现象，却忽略了其中的背景问题。Masten 和 Powell 提出了“风险链”（risk chain）的概念，指出风险链很多时候在个人生活的早期便已形成。个人在儿童时期弱的决定能力会导致他成年后弱的决定能力。

---

① 卓彩琴：《生态系统理论在社会工作领域的发展脉络及展望》，载《江海学刊》2013 年第 3 期，第 114 页。

② James Patrick Coyle. （2005）. An Exploratory Study of The Nature of Family Resilience. PhD Thesis. The State University of New York. School of Social Work. pp. 18 – 24.

保护因素可以在多个层面发生，并形成“保护链”（protect chain），以优化或加强个人有效地应对风险的能力。这些保护性因素涉及可以利用的内外资源与技巧，其有效性会随着压力的强度和类型、世界观与发展阶段而不同。有抗逆力的个人可以有效地利用、识别保护因素与风险因素。对于儿童而言，适应性的结果常意味着亲社会行为、好的学业成绩、理想的人际关系状态以及没有焦虑与抑郁等。

风险与抗逆力的框架强调了压力可以提高一个人的保护技能以及在未来可以处理问题的能力。

## 四、抗逆力的外部经验参考

1. 美国的相关研究

在美国，近三四十年来，许多学者或研究机构进行了不少关于儿童抗逆力的研究。其中有专门针对高危处境儿童的研究，如 Byron Egeland 在 1997 年发表的研究报告，介绍了他长达 22 年的追踪研究结果。他发现对婴儿的安全接触、高质量的抚养关系、家庭中积极情绪的回馈，以及在幼儿、儿童阶段高质量的亲子关系等，都有利于帮助儿童抵抗逆境。

另外，也有专门针对普通儿童的抗逆力研究，例如比较有影响力的“国际性抗逆力研究计划”（the international resilience project）。这一研究指出了许多不同的抗逆力保护因素，认为儿童通过三方面抗逆力的培养，可以克服逆境。这三方面分别是效能感、归属感和乐观感。

还有一些指导学校推动抗逆力文化的研究，比如 Margaret C. Wang 和 Jane Vates 在 1995 年进行的城市计划。这一计划尝试将学校与学校之外的学习资源联系起来，如家、图书馆与博物馆等。通过这些不同教育资源间的整合与合作来培养儿童、青少年在教育方面的抗逆力（educational resilience）。另外，还有 Nan Henderson 等人在 1996 年出版的《学校抗逆力》一书中，为学校教育工作者提供了一个参考框架，来培养学生的抗逆力。这一研究以抗逆轮为例，介绍了培养抗逆力的六个步骤，并指出借由这些框架与步骤，教育工作者可以很好地在学校中帮助学生提升其抗逆力。其抗逆轮见下图：

（参考资料见："Resiliency in schools: Making It Happen For Students and Educators" By Nan Henderson and Mike Milstein, published by Corwin Press, Thousand Oaks, CA, 1996.）

2. 我国香港地区的儿童抗逆力训练计划

1994—1996 年，香港卫生福利局委托突破机构和香港中文大学进行了一项名为“成长的天空”的研究计划，在其他非政府机构，如香港小童群益会等的参与下，在香港沙田区 8 所中学试验推行“成长辅助训练”，旨在提升学生的抗逆力，特别是学生的“效能感”“归属感”与“乐观感”。

香港教育署（其后易名为教育统筹局）参考了中学成功的经验，委托香港中文大学、突破机构及香港小童群益会于 2001 年 9 月开始，在大埔及北区 18 所小学试验推行为期 27 个月的“成长的天空小学生成长辅助计划”。在参与了 27 个月的先导计划后，小童群益会发现提升儿童的抗逆力确实很有意义，进而指出要获得抗逆力的提升，学校的支持、家长的参与、学生自己的投入缺一不可。经过 20 年的推动与发展，“成长的天空小学生成长辅助计划”已经在全香港数百所小学里推行。

上述来自美国和我国香港地区的研究与服务工作给了我们极大的启示，我们也开始考虑类似的服务在中国内地开展的可能性。之所以强调类似服务的重要性就在于，在现有的小学教育中，特别是在心理健康教育领域，我们仍聚焦于治疗性的工作，即很大程度上关注的是有凸显行为或情绪问题的学生，聚焦于他们行为或情绪问题的缓解，而往往忽视了协助他们从负面的人生经历中获得成长，以及协助他们获得自我复原的能力。对于家长、教师、社工、心理工作者或其他儿童事务工作者而言，我们需要用一个发展性的眼光来看待儿童成长问题，而抗逆力这一概念是一个很好的工具，它可以帮助我们识别那些影响儿童健康成长的保护因素和风险因素，并且有针对性地去培养儿童自我复原的能力。

# 第四节　儿童抗逆力工作的本土探索

抗逆力的提高对于儿童的成长很重要，如果能及早介入提升儿童的抗逆力，便能协助儿童成功完成人生成长任务，突破自我，健康成长。

早在 2005 年，广州市文德路小学、东山培正小学、农林下路小学、永曜北小学 4 所小学校便进行了儿童抗逆力服务项目“抗逆小穗星”课程的探索。由香港资深社工带领及培训本土社工，以学校为基地，为学生提供抗逆力培训。经过十余年实践，“抗逆小穗星”课程开展的学校从 4 所扩展到近 10 所，课程设计体系也从稚嫩到逐步成熟完善。具体课程框架如下：

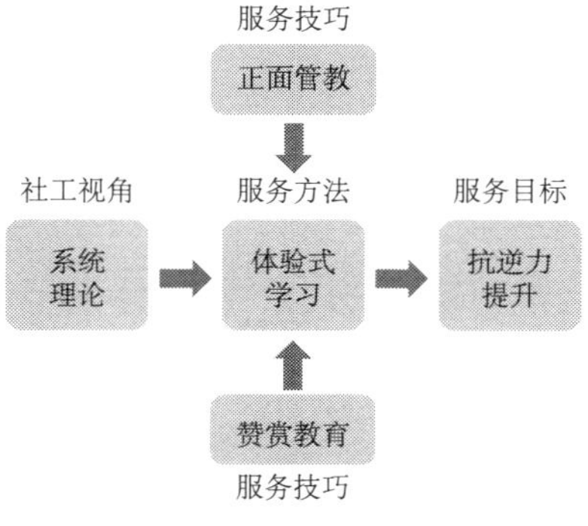


儿童的健康发展，离不开正向的环境及支持。本课程以系统理论为介入视角，儿童—家长—教师—社区，多个系统共同参与，以体验式学习为主要服务方式，通过游戏、讨论等形式，提高儿童的学习热情，让儿童在轻松愉快的活动中获得切实的学习及生活体会。过程中，社工加入“正面管教”及“赞赏教育”社工技巧，强化服务成效，最终实现儿童抗逆力提升的目标。

基于以上的课程框架，整个课程从个人、家庭、学校和社区 4 个层面来设定课程目标。

## 一、整体目的

增强儿童的抗逆力以面对成长的挑战。具体而言，课程以提升儿童抗逆力为目标，即 CBB 目标：C（Competence，效能感），包括解难技巧、社交技巧，目标设定及执行能力、情绪管理；B（Bonding，联系感），包括明白自己与他人的互动关系，改善与人合作态度、关怀他人态度；B（Believe，积极信念），即为自信心。

## 二、具体目标

把儿童个体的成长放在更大的环境中来考虑，考虑个体与环境间的互动关系，旨在增加儿童积极的内在、外在保护因素。具体目标包括以下几个部分：

1. 儿童层面

（1）建立合理、正确、积极的自我期望。

（2）提升自信心，相信自己有达成目标的能力。

（3）能管理好自己的情绪。

（4）能为自己设定恰当的、合理的、可达到的目标，并为其努力奋斗。

（5）掌握与他人合作的技巧，提升与他人沟通的能力。

2. 家长层面

（1）分享亲子沟通知识，提高亲子沟通的技巧。

（2）引导家长探讨识别孩子发脾气的原因，学习如何应对孩子发脾气。

（3）引导家长探讨如何恰当处理及正确协助孩子宣泄情绪。

（4）引导家长了解合理设置目标对孩子自信心的影响，明白应如何帮助孩子合理设置目标。

3. 亲子、家教、校园及社区文化建设

（1）增加亲子、家教及师生间的了解，加强相互间的沟通与联系。

（2）增强儿童、家长及教师的联系感，增强亲子沟通，相互关怀，巩固活动成效。

（3）增强儿童与社区的联系感，提升儿童的公民意识。

（4）增强儿童、家长及教师对于社区的喜爱和关怀。

围绕提升抗逆力的目标，在过去十余年间，“抗逆小穗星”课程共开展学生服务 180 场、家长服务 72 场、教师服务 28 场、亲子服务 54 场、家教服务 13 场，服务超过 1 万人次。通过追踪调查接受过本项目服务的学校、家庭和儿童，该项目的评估成效如下：

第一，100% 的学校领导（校长或德育主任）认为项目对学校的抗逆环境有很好的改善，参与项目学生的抗逆能力有了明显的提升。

第二，100% 的家长认为，很需要这样的服务平台让家长更加了解孩子及学校的情况；95% 的家长认为，课程有效提升了家长自身的抗逆能力，能有效改善亲子间的沟通，使他们更了解自己的孩子。

第三，98% 的儿童认为，服务能提升自己的自信心、团队合作的能力、情绪控制能力；100% 的儿童认为，自己应该更加体谅父母和老师。

从上述的评估成效来看，“抗逆小穗星”课程通过儿童小组、家长工作坊、教师工作坊、家教活动、社区关怀活动等多元化的形式，对于提升个人层面、家庭层面、学校层面和社区层面抗逆力是有效的，是值得推广的。

# 第五节 "抗逆小穗星"的课程成果

经过十多年的本土化实践，"抗逆小穗星"课程取得了令人可喜的成果。

## 一、转变观念，倡导以一个系统的视角来看待儿童的成长及成长中面对的困难

正如抗逆力研究经历了由强调发掘个人因素、提高应对困境的能力向通过不同系统的配合来提升个人应对困境的能力转变一样，当借用抗逆力这一概念来看待儿童的成长过程时，我们应倡导一个系统的视角。对于小学阶段的儿童而言，他们的风险因素存在于有关儿童的各个系统——儿童个人、家庭、学校及生活的社区。我们应当以一个系统的观点及动态的观点来看待小学阶段适应性的各种问题。所谓系统是指上述四个不同的系统，而动态是指这四个系统之间是互动的、相互影响的，而非静止的。

## 二、家庭、学校及社区系统应针对儿童成长的需要而发生转变，倡导不同系统间的合作

社会不断地在改变，身处其中的家庭、学校及社区等不同的子系统都在发生着变化，这些变化有形或无形地影响着儿童的成长。在不断变化的环境里，家庭、学校及社区都应适当地作出回应与调整，同时应参与其中，充当一个参与者与促进者，与儿童一起成长。

1. 针对家庭的建议

家长在陪伴儿童的各种活动中，都应尝试做到：

（1）表达同理心：通过孩子的眼睛去看世界。

（2）有效地沟通，积极地回应。

（3）改变对孩子的负面印象。

（4）接纳孩子，帮助他们明确真实的期望与目标。

（5）帮助孩子获得成功的体验，也帮助孩子明白错误或失败是必须学习的经验。

（6）创造社会参与的机会，提升孩子的责任感、自我效能感。

2. 针对学校的建议

学校要成为提升儿童抗逆力的促进者，教育工作者首先必须应是具有抗逆能力的人，学校也应创造、营造出抗逆文化氛围。学校不应仅凭教学成绩来衡量教师与管理人员的能力，应倡导合作式的工作关系，增加教师之间、教师与家长之间、学校与社区之间的互动。

3. 针对社区的建议

无论是家庭所在的社区还是学校所在的社区，都应以一个联系与发展的观点来看待社区的发展，关心社区居民的福祉。以街道为依托的社区，应当尝试开展不同的活动，促进社区中家庭的参与，为社区中的儿童提供亲近社会的机会。

同时需要强调的是，无论是家庭、学校还是社区，不同系统间的改变不应是独立的，而是相互联系的，只有不同的系统共同作出改变，才能为儿童抗逆力的提升创造良好的条件。因此，来自不同系统间的合作应该要倡导。

## 三、采取体验式学习，不同系统的角色通过亲身经历掌握知识，从而内化为日后应对挑战的能力

20 世纪 80 年代，伴随建构主义的兴起，人们对学习的看法发生相应转变。组织心理学家库伯吸收杜威、罗杰斯等人的合理思想，提出了著名的“体验式学习循环模式”。在库伯看来，体验式学习要经历 4 个阶段：一是具体体验。学习者在真实情境中活动，获得各种知识，产生相应感悟。二是观察、反思。学习者回顾自己的经历，对体验进行分析、反思。三是抽象的概念化。学习者把感性认识上升到理性认识，建构一种理论或模型。四是主动检验。学习者在新的情境中对自己的理论假设进行检验。

库伯指出，这4个阶段分别代表了感知学习、反思性学习、理论学习和实验4种最为有效的学习方式，因而体验式学习本质上是一种综合学习[①]。

在项目的具体执行过程中，儿童、家长、教师参与到活动当中，尤其是儿童，通过直接的活动体验，提升自己的效能感和联系感。社工在带领活动时，注意引导儿童观察反思，把活动中习得的经验进行总结、沉淀，以期可以运用在日常具体的学习生活中。

## 四、采用赞赏教育与正面管教的服务技巧，巩固孩子变化成效

赞赏教育也称爱的教育或赏识教育，是指教育者在教育的过程中，挖掘被教育者身上的优点和闪光点，及时给予赞美和赏识，以此激发被教育者主动接受教育的方法。爱是教育的根本，人人都喜欢听赞美的语言，希望得到尊重和肯定，特别是儿童时期的个体，自尊心脆弱而敏感，希望得到父母的支持、同伴的赞许，在乎教师的重视，会以各种方式表现自己，争强好胜，以求获得赞赏和满足。基于儿童这样的心理特点，进行赞赏教育，是一种很好的教育方法[②]。

要理解正面管教，最重要的概念之一就是——孩子们更愿意遵从他们自己参与制定的规则。当孩子们学着做一名对家庭、对班级和社会有贡献的成员时，他们就会成为有健康自我概念的高效决策者。这是正面管教要达到的重要的长期效果。对于有效管教的4个标准，总结如下：一是是否和善与坚定并行，即对孩子尊重和鼓励。二是是否有助于孩子感受到归属感和价值感，即心灵纽带。三是是否长期有效，惩罚在短期有效，但有长期的负面效果。四是是否能教给孩子有价值的社会技能和生活技能，培养孩子的良好品格，即教育孩子尊重他人、关心他人、善于解决问题、敢于承担责任、乐于贡献、愿意合作。第一条标准——和善与坚定并行，是正面管教的基石[③]。

---

① 庞维国：《论体验式学习》，载《全球教育展望》2011年第6期，第2页。

② 刘永学：《赞赏教育真的完美吗?》，2011年12月20日《湛江日报》。http://www.gdzjdaily.com.cn/baby/2011-12/20/content_1434841.htm。

③ 尼尔森：《正面管教》（玉冰，译），北京·京华出版社，2008年版，第12页。

在服务过程中，社工对青少年施以赞赏教育与正面管教，对于青少年的成长及时给予肯定，同时尊重青少年，鼓励他们表达自我观点与提升自我能力，从而促进青少年的成长。

## 五、结语

“抗逆小穗星”课程在过去十多年间取得了令人欣喜的成效，在提升学生的“社交技巧”“问题解决能力”“情绪管理能力”等方面尤其显著，因此本书将过去十多年的服务经验进行总结梳理，以便逐步在更多的地区推广运用。

# 第二章

# 儿童抗逆力速成宝典

“抗逆小穗星”小学生抗逆力培养课程自2005年起在广州开展，形成了一套操作性强、本土化运营的抗逆力课程，非常值得分享和推广。本章将会把“抗逆小穗星”小学生抗逆力培养课程的精华部分与大家分享，具体分为抗逆力儿童体验游戏、抗逆力亲子互动小方法、抗逆力课堂转化应用、抗逆力创意小工具四个部分，让大家可以在最短的时间里面全面了解抗逆力服务方法。

# 第一节 抗逆力20个儿童体验游戏

第一章已经提到抗逆力包括三大元素：效能感、归属感和积极信念。儿童青少年面对的生命任务具体包括：建立自信心、正面的自我形象、成就感、解决问题的能力、正面的思维方式、人生目标等。下面我们将通过20个针对性游戏，并分为情绪控制、问题解决、目标确立、正向归因、沟通合作5个主题，带领儿童提升抗逆力，发展自我潜能，突破自我，健康成长，成长为一个勇敢、进取的小勇士。

## 主题一：情绪控制

### 一、情景故事

情景一：小红在家经常以“尖叫”和“摔东西”来表达不满和生气的情绪，妈妈觉得非常头疼。有一次路过玩具店，她看到一个非常喜欢的娃娃，想让妈妈买，但妈妈以“家里已经有类似的玩具了”为理由拒绝了小红的请求。小红哀求无果后，立即坐在地上哭泣，又喊又叫大发脾气。

情景二：小刚在班上和同学发生争执时，会习惯性地举起拳头吓唬同学。有一次课间的时候，同桌不小心撞到了小刚的桌子，课桌上的文具盒掉在地上。小刚发现后十分生气，暴怒地把同桌的桌子推倒了。

## 二、4个情绪控制游戏实例

### ➔ 情绪面谱 ←

1. 活动目的

（1）了解到每个人对不同情绪的感觉是不一样的。

（2）增加参加者之间的互相了解。

2. 操作须知

人数：8～12 人

需时：20 分钟

场地：室内封闭场地，可围圈而坐

物资：彩色画笔、《情绪面谱》工作纸

工作人员：1～2 人

安全：提醒画笔的正确使用，防止儿童舔画笔

3. 活动内容及形式

（1）让参加者围圈而坐。

（2）工作员派发工作纸，并介绍填涂方法。

（3）参加者根据对不同情绪的理解，涂上颜色。

（4）参加者将工作纸向外进行展示。

（5）分享。

4. 分享问题

（1）××情绪你是什么颜色的，为什么？

（2）××颜色你是涂了哪种情绪，为什么？

（3）大家觉得哪个颜色对呢？

（4）哪个情绪是好的，哪个情绪是不好的？

5. 解说范例

（1）解说规则：强调不同颜色的感觉与不同情绪对应的感受之间的联系。

（2）总结要点：

➢ 不同的人对不同的情绪有不同的感觉。

➢ 不管是开心的还是愤怒的情绪都是正常的。

➢ 情绪本身没有对错之分。

➢ 我们应该接纳自己和他人的每一种情绪。

6. 经验分享

（1）工作员可以先派发面谱工作纸，在解说完规则后再派发画笔，以免参加者拿到画笔后，未听清楚规则就直接开始涂画。

（2）工作员可以在开始填涂前与参加者一同讨论每个情绪的意思，让参加者能够更好地理解后再进行涂色。

（3）派发彩色笔时，可以只放两盒，让参加者一起用，学习相互分享和礼让。

（4）注意在涂画过程中，提醒参加者不要看别人的，按照自己的想法填色即可。

（5）分享的过程中，接纳参加者的每一个想法与说法，当其他参加者不认同时，工作员要及时给予正向回应。

7. 程序变化

延伸服务：情绪分类。

➢ 目的：帮助儿童理解每种情绪的含义。

➢ 程序变化：在黑板上画出两个区域，完成情绪面谱分享后，邀请组员将每一情绪进行正面情绪和负面情绪的分类，将自己认为符合分类的情绪贴到黑板上。

➢ 总结要点：情绪没有好坏，但情绪有正面和负面之分，遇到负面情绪的时候，我们就要想办法去处理自己的负面情绪，让它能够变成正面情绪。

8. 工作纸样板

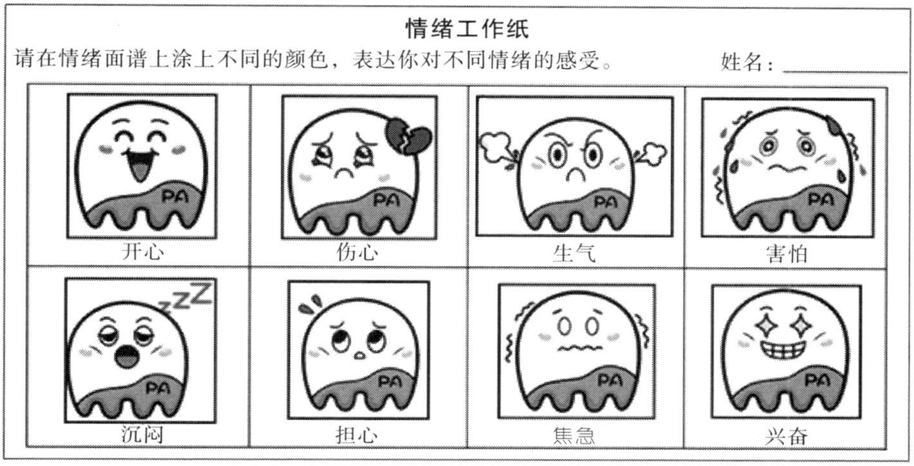


## ➔情绪是非题⬅

1. 活动目的

（1）了解情绪没有对错之分，但我们处理情绪的方法有对错之分，处理情绪需要用正确的方式。

（2）让参加者习得处理具体情绪的具体解决方法。

2. 操作须知

人数：8～12人

需时：15分钟

场地：室内封闭场地，可围圈而坐

物资：《情绪是非题》工作员使用资料

工作人员：1人

3. 活动内容及形式

（1）参加者可以以“√”和“×”的动作，表示自己的观点。

（2）当工作员读出题目或者例子时，参加者根据自己的理解进行判断。

（3）参加者分享自己判断的原因。

4. 分享问题

（1）你认为这个情绪是对的还是错的，为什么？

（2）日常生活中遇到了这种情况，你是如何反应的？

（3）你认为正确的解决方法是什么呢？

5. 解说范例

（1）解说规则：示范统一的动作，提醒当工作员发出口令时再同时进行选择，在正式开始之前可以做1~2次的示范与热身。

（2）总结要点（处理动怒的原则）：

➢ 明白生气是人人皆有的情绪，但我们可以选择不同的方法来表达。

➢ 在身体及财物上，既不伤害自己，也不伤害别人。

➢ 不用指责、咒骂、侮辱的动作及语言表达不满。

6. 经验分享

（1）在程序开始前，与组员约定好统一的"√"和"×"动作。

（2）喜欢积极表达的组员，可能会在做完动作之后就想解释自己选择的原因等，因此工作员需要用提前的契约约定在什么指令下组员可以发言。

7. 程序变化

展开讨论。

➢ 目的：帮助参加者了解正确的解决情绪问题的方法。

➢ 程序变化：在组员进行判断后，延续提问正确的解决情绪方法，展开讨论。

8. 工作纸样板

**情绪是非题**

（1）生气是人人都会有的情绪（√）

（2）情绪有好坏之分（情绪没有好坏之分，怎样处理情绪才有好坏之分）（×）

（3）生气的时候可以打人或者骂人（×）

（4）生气的时候可以打枕头（√）

（5）生气的时候可以对着教师大叫（×）

（6）生气的时候可以对着厕所大叫（√）

（7）生气的时候可以摔家里的茶杯（×）

（8）生气的时候可以写日记发泄不满（√）

（9）生气的时候可以找朋友倾诉（√）

（10）生气的时候可以捏自己（×）

（11）生气的时候可以绝食抗议（×）

## ➔情绪“波”动⬅

1. 活动目的

（1）通过游戏让参加者初步认识情绪 ABC。

（2）使参加者明白事件会导致行为的出现，并产生情绪反应。

2. 操作须知

人数：8～12 人

需时：15 分钟

场地：室内封闭场地，可围圈而坐

物资：气球、《情绪“波”动》问题纸

工作人员：2 人

安全：明确气球使用安全，年纪小的参加者建议改用透明球等其他道具

3. 活动内容及形式

（1）让参加者围圈而坐。

（2）用击鼓传花的方式，让装有问题纸的气球在组员间传递。

（3）当掌声停下，手持气球的参加者需将气球弄破，并拿出问题纸。

（4）参加者需根据问题纸的内容，描述：一个什么事件；这个事件的主人翁有什么想法；这样想会出现什么情绪或行为；如果是你，你会怎么想，你会有什么样的情绪？

4. 分享问题

（1）这个事件的主人翁有什么想法？

（2）这样想会出现什么情绪或行为？

（3）如果是你，你会怎么想，你会有什么样的情绪？

5. 解说范例

（1）规则解说：强调注意气球使用安全，用自己的理解描述事件以及对情绪、行为的认识。

（2）总结要点：

➢ 情绪没有对错之分，我们应当接纳自己的情绪。

➢ 重要的是了解自己在面对事情时会出现的情绪。

6. 经验分享

（1）在开始前再次强调小组契约，维持组内的纪律，同时需要强调气球的作用以及注意事项，以防有参加者贪玩造成伤害。

（2）用掌声鼓励等方式促进参加者参与分享。

7. 程序变化

（1）添加过程：参加者分享完毕后可决定下一位分享者是谁。

➢ 目的：增加参加者之间的熟悉和互动。

➢ 程序变化：参加者分享完毕后，可由他拍掌，决定下一个传到的参加者。

（2）延伸服务：组内讨论。

➢ 目的：增加分享深度。

➢ 程序变化：参加者分享全部完毕后，可以选择 1 ~2 个分享案例进行小组内讨论。

8. 工作纸样板

**情绪“波”动问题纸**

| |
|---|
| 小明英语考试不及格，他觉得自己已经很努力了怎么还会不及格。 |
| 雯雯遇到一道数学难题，但没有同学肯教她，她想：“怎么班上没有一个同学肯帮我？” |
| 同学走过身边时，踩了欣欣一脚，欣欣想：“为什么同学们经常要欺负我？” |
| 小路趁着爸爸妈妈不在家时帮忙搞卫生，想给他们一个惊喜，可是不小心打碎了花瓶，妈妈一回来就骂他，他想：“为什么妈妈就不问理由呢？我讨厌妈妈！” |
| 在画画班上，同学们都笑小顺画画很难看，小顺边修改图画边想：“我要更加努力向其他同学看齐。” |
| 星期一早上，华华一觉醒来已经 9 点了。他想：“今天妈妈不叫我起床，害我迟到了。” |
| 家怡做完作业想看电视，可是妈妈不让，她知道妈妈是希望她再温习一会儿课业，因为快要考试了。 |
| 丽丽要参加一个合唱比赛，每天都要练习，丽丽想：“只要我再努力一些，我们的成绩就会更好一点。” |

## ABC“啃”棉胎

1. 活动目的

（1）通过比赛的方式，使组员在合作讨论和现实生活的例子中进一步认识和理解情绪 ABC。

（2）带出积极的信念，鼓励参加者运用在生活中。

2. 操作须知

人数：10 人以内（建议 3 的倍数，不够时工作人员可补位）

需时：30 分钟

场地：室内封闭场地，桌椅可移动

物资：ABC 卡、事件卡、桌子

工作人员：2 人

安全：注意活动过程中参加者之间的肢体碰撞

3. 活动内容及形式

（1）将参加者分成 3 队，每队分配 1 套“ABC 卡”。

（2）3 队进行比赛：当工作员读出句子时，组员判定是 A 或 B 或 C 部分，并举起手中的牌子；当工作员讲出 A、B、C 事件时，各队以最快速度将正确答案拍在桌上。

（3）分享与总结。

4. 分享问题

（1）大家训练了什么活动呢？

（2）情绪 ABC 是什么东西？

（3）为什么同一件事情导致的结果会不一样呢？

（4）那我们在遇到问题时要如何想问题，才能出现好的情绪？

（5）假如你很生气，要如何去处理？

5. 解说范例

（1）解释情绪 ABC：A 是事件，C 是结果，而导致结果产生的是 B——想法，即我们相信如何做才能解决这个问题，当我们能够掌握好处理情绪的方法时，就能够有积极的结果。

（2）善于举例：举例时尽量用参加者真实面对或曾经面对过的普遍的事件，例如面对考试、同学冲突等，因对同一事件的不同信念达到不同结果，向参加者解释情绪 ABC 的关系。

6. 经验分享

（1）注意安全，特别是在比赛的过程中。

（2）提醒参加者回顾生气管理的原则，注意小组内的情绪。

（3）讨论事件时不指代参加者，不给参加者贴标签，如"爱生气"等，强调情绪无对错，但可以运用正确的处理情绪方式。

7. 程序变化

（1）代入讨论：当 B 是错误时，可以与组员进一步讨论什么样的 B 才是正确的。

（2）进化任务：根据程序中的 A 进行讨论，每组讨论一个 A，分组讨论得出处理该事件的正确的 B 与 C，并在小组中用图画或演绎的方式展示。

8. 工作纸样板

**事件卡**

| A | B | C |
|---|---|---|
| 小明英语测验获得 58 分，不及格 | 为什么还差一点点，我已经好努力了 | 十分沮丧，想放弃了 |
| | 还差一点就能及格了，我要再努力一点 | 很有信心，决心再接再厉 |
| 星期一早上，小明一觉醒来已经 9 点了，上课要迟到了 | 肯定赶不及了，都是妈妈不好 | 很生气，一整天都不理妈妈 |
| | 赶快赶快，这样就不会迟到太久 | 很冷静，并在到学校后跟教师道歉 |

**ABC 举例纸**

| | |
|---|---|
| A 事情 | 小明英语考试不及格 |
| B 想法 | 自己真的很差劲，什么都比不上别人 |
| C 情绪 | 不开心 |

| | |
|---|---|
| A 事情 | 雯雯遇到了一道数学难题，但没有同学肯教她 |
| B 想法 | 怎么班上没有一个同学肯帮我 |
| C 行为 | 不理睬其他同学 |

### 抗逆小百科

小知识：情绪 ABC 理论

在情绪 ABC 理论中：A 代表真实发生的事件（activating event），B 代表人的信念（belief），C 代表结果（consequence），面对真实事件（A），人们会在既定的经验中产生对该事件的信念（B），从而最终影响到事件的结果（C）。

## 主题二：问题解决

### 一、情景故事

情景一：小德妈妈觉得陪小德做作业是一件很痛苦的事情。小德总会拖拉，遇到不会做的时候会直接问妈妈。刚开始妈妈会解答，但后来妈妈想让他自己解决问题，但小德会说自己想不出来，还会发脾气。

情景二：小文平时在班上纪律很好，也很听话，但就是不喜欢学习，觉得学习是一件很困难的事情，特别是当遇到不会做的题目时，会直接跳过，也不会主动提问寻求帮助。考试成绩不尽如人意时，她也不知道该如何进行总结。

### 二、4 个问题解决游戏实例

**➔ 问想选做 ➔**

1. 活动目的

让组员初步了解解决问题的步骤。

2. 操作须知

人数：6～8 人

需时：10 分钟

场地：室内，有桌子

物资：比拼卡

工作人员：1 人

3. 活动内容及形式

（1）组员平分 2 组，每组配一套比拼卡。

（2）组员合作商量排列正确的顺序贴在工作纸上。

4. 程序介入技巧经验分享

（1）工作员需要熟悉每位组员在小组中的特点和角色，分组时可以把积极的组员和相对游离的组员有机结合到一起，促进小组成员之间的互动和动力的产生。

（2）在分组的讨论中，工作员可以入组进行协助，从日常组员如何面对问题入手，联系比拼卡进行连线，并请组员运用例子进行解释。

5. 程序功能及解说范例

（1）强调协作：组内成员可以各自先发表自己的看法，再进行整合，最后共同选择分享答案的代表。

（2）总结要点，解决问题的四个步骤：

问一问：问问我们遇到的困难是什么。想一想：想想有哪些解决方法。选一选：从众多的方法中选择一种。做一做：根据选定的一种方法大胆去做。

6. 程序变化

联系自身：在分享环节，请组员根据自己的经历举例说出如何用四个步骤解决问题。

7. 工作纸样板

**“问想选做”大比拼卡片**

| | |
|---|---|
| 问一问 | 仔细找出遇到的困难 |
| 想一想 | 认真想想有什么方法可以解决问题 |
| 选一选 | 哪一个方法最好 |
| 做一做 | 用想好的方法去做，努力解决问题 |

## 逃出生天

1. 活动目的

通过实践巩固解决问题基本步骤。

2. 操作须知

人数：8～10人（双数）

需时：30分钟

场地：空旷的室内

物资：眼罩、钥匙

工作人员：2人

安全：注意蒙眼时组员的安全，工作员需跟随，防止磕碰和跌倒

3. 活动内容及形式

（1）组员平分两组，每组选出一名“盲侠”，其他人作为指挥。

（2）钥匙放在固定位置，“盲侠”需在其他组员的指挥下，在2分钟内取得钥匙，小组才能打开门“逃”出去。

（3）每组在任务开始前各有3分钟时间进行讨论。

（4）分享。

4. 程序介入技巧经验分享

（1）提醒组员在开始前可以进行分工，联系解决问题的方法进行思考。

（2）在过程中注意组员的安全，适当地鼓励和指引。

（3）当组员遇到冲突，或没有完成任务时，注意及时处理组员情绪，并引导改进方式，进行第二轮尝试。若组员仍未能完成，可以适当延长时间，让组员能够完成，并在最后带领组员总结原因及可再进步的方法。

5. 程序功能及解说范例

（1）分组热身：增加团队内的熟悉感和凝聚力，引导组员选出队长。

（2）组员互动：共同探讨更快完成任务的方式。

（3）总结要点：回顾问题解决的步骤，以及组员如何在实践中运用，并且总结进步的方法。

6. 程序变化

（1）增加挑战性：工作员根据现场情况，可以增加挑战难度，如中途改变一次位置、缩短时间等。

（2）增加互动：一组进行挑战时，由另外一组的组员选定摆放钥匙的位置。

## 保护鸡蛋大行动

1. 活动目的

通过实践巩固解决问题基本步骤。

2. 操作须知

人数：10～15 人（4～5 人一组）

需时：50 分钟

场地：室内，最后测试环节需在有楼层的室外（建议 2 层）

物资：每组生鸡蛋 3 个，胶带 1 卷，筷子 2 双，A4 彩纸 2 张，气球 4 个，彩笔若干，剪刀 1 把，竹签 4 只，塑料匙、叉各 2 个，橡皮筋 6 条，小气球 1 只，塑料袋 1 只

工作人员：2 人

安全：工具使用安全，在测试时保证楼下没有行人，观察组员保证其在安全范围内

3. 活动内容及形式

（1）工作员把上述所说材料发给每组组员，组员需在 25 分钟之内制作鸡蛋的保护装置，到指定的 2 层楼的地点把鸡蛋放下来并不能摔破鸡蛋。

（2）25 分钟之后，每组留一位组员在 2 层楼高的地方放鸡蛋，其他学员可以到楼下空地观赏及检查落下的鸡蛋是否完好。

4. 程序介入技巧经验分享

（1）在开始前提醒组员先进行讨论，分工协作，可以在纸上设计出装置的雏形。

（2）所准备的材料需充足，以备鸡蛋在实验的过程中破损，组员需要

重新领取材料制作。

（3）工作员需及时观察各组的进度以及小组动力产生情况。

（4）遇到挑战失败的组别，工作员需尽快处理失败情绪，运用优势视角给予鼓励，帮助总结。同时有几组失败时，可以允许失败的小组用 5 分钟调整自己的装置再次进行挑战。

5. 程序功能及解说范例

（1）拓展思路：避免举例限制组员思维，但可以提醒组员多尝试。

（2）总结要点：

➢ 我们刚才遇到什么问题，是怎样解决并完成挑战的（结合问题解决的四个步骤）。

➢ 学生分享完成任务时的实例并总结：遇到看似不可能完成的事情，只要冷静地分析，根据问题解决的步骤，是可以找到方法的。

6. 程序变化

（1）增加挑战性：若各组能够迅速完成并都挑战成功，可以从更高的高度进行挑战（但要注意是否涉及高空坠物安全隐患，建议最高不超过 3 层且组员不得在楼下直接观察，测试区域周围需摆放安全提示，并且有协助工作人员在附近进行看守和指引）。

（2）增加活动趣味性和解决问题的难度：在领取物资的环节增加游戏挑战和材料自主选择，除基本物资（鸡蛋）外，其余需通过游戏来获取，若没有获取到想要的物资，则需要另外再思考解决的方案，每组能够通过不同的物资完成挑战。

## ➔ 合力建塔 ➔

1. 活动目的

通过实践巩固解决问题基本步骤，强化组员之间互相协作。

2. 操作须知

人数：10 ~ 15 人（4 ~ 5 人一组）

需时：40 分钟

场地：空旷室内

物资：每个组 8 张报纸、1 把剪刀、1 卷透明胶、1 个乒乓球

工作人员：2 人

安全：剪刀使用安全，建议使用儿童剪刀

3. 活动内容及形式

（1）20 分钟内，组员利用派发的工具制作一座不低于 1.5 米的纸塔。

（2）各组将塔放在同一水平线，并同时把乒乓球放在顶端，15 秒不倒的组即挑战成功。

4. 程序介入技巧经验分享

（1）工作员需要熟悉每位组员在小组中的特点和角色，分组时可以把积极的组员推选为队长，促进小组成员之间的互动和动力的产生，以及促成小组中有能力的组员产生领导力。

（2）工作员需在各组组员建塔的过程中观察各组情况，引导组员先讨论，讨论后尽快动手，以免出现后面制作时间不够，各组进度相差大的情况。

（3）工作员在结束前可以提醒组员先进行测试，增加最终挑战的成功率。

（4）遇到挑战失败的组别，工作员需尽快处理失败情绪，运用优势视角给予鼓励，帮助总结。同时有几组失败时，可以允许失败的小组用 5 分钟调整自己的塔再次进行挑战。

5. 程序功能及解说范例

（1）分组合作：起队名、口号，通过热身游戏促进小组成员互相熟悉。

（2）总结要点：

➢ 我们刚才遇到什么问题，是怎样解决并完成挑战的（结合问题解决的四个步骤）。

➢ 学生分享完成任务的实例并总结：不同的人对同一问题会有不同的解决方法，成功解决问题即方法有效。

6. 程序变化

（1）增加挑战性：不限制组员制作物品的形状，规则中只说明高度超过 1.5 米并能够承载乒乓球 15 秒不倒的物体。

（2）增加活动趣味性和解决问题的难度：在领取物资的环节增加游戏挑战和材料自主选择，除基本物资（报纸）外，其余需通过游戏来获取，若没有获取到想要的物资，则需要另外再思考解决的方案。

## 抗逆小百科

小知识 1：问题解决能力

定义：问题解决能力是指人们运用观念、规则、一定的程序方法等对客观问题进行分析并提出解决方案的能力。

小知识 2：问题解决四步曲

找一找——找到面对的问题。

想一想——思考可行的解决方法。

选一选——从众多方法中挑选一种。

做一做——进行问题解决的尝试，若失败，可以继续思考其他的可行方法。

小知识 3：儿童问题解决能力会从情绪中直接反映出来

问题解决能力弱的儿童在遇到问题时，大部分都会出现逃避、发脾气等情绪，情绪管理能力和问题解决能力在儿童的成长中密不可分，两者互相影响。

小知识 4：求助能力也属于儿童问题解决能力的一部分

在实务工作中，我们发现，问题解决能力弱的儿童在求助意识和能力上较为薄弱，要提升问题解决能力，我们不仅要告诉儿童解决问题可以有怎样的步骤和方法，同时也要告诉他们遇到问题可以通过什么方式进行有效的求助。

# 主题三：目标确立

## 一、情景故事

放暑假了，小明的5个好朋友都报了不同的兴趣班，小明听着都不想错过，于是他要求妈妈必须给自己报这5个班。每个兴趣班都有相应的家庭作业，除此之外小明还在学习钢琴，在8月要进行等级考试。放假两周小明就开始闹着不想去兴趣班，钢琴课也落下很多，他觉得自己很差劲，没有能力学习好。

## 二、4个目标确立游戏实例

### ➔ 传球 ➔

1. 活动目的

（1）让参加者明白合理确立目标的重要性。

（2）让参加者学习如何确立合理的目标。

2. 操作须知

人数：6～12人

需时：25分钟

场地：室内封闭场地

物资：球1个、计时器1个

工作人员：1～2人

安全：传球注意安全，不能砸到别人身上

3. 活动内容及形式

（1）让参与者站成一列，参与者需在5秒钟之内，把球从第一个参与者传到最后一个参与者手上。

（2）传递的方式是从自己的头顶传给后面的参与者，不能回头，游戏中也不能说话。

（3）第1轮游戏进行3次，大家确立完成目标时间，直到确立合理时间。

4. 分享问题

（1）怎样才会成功？

（2）什么样的目标才是合理的目标？

（3）如何确定合理目标？

5. 解说范例

（1）解说游戏规则：强调游戏需要每个人参与，鼓励合作共同完成，团队成员相互鼓励，避免指责，共同确定目标时间，并勇敢挑战。

（2）总结要点：

➢ 确定过高目标，会使我们有强烈挫败感，根据团队特点及能力调整目标，优化方法，才能促进我们更顺利完成挑战，提升信心。

➢ 确定过低目标，会使我们对挑战失去兴趣，这时可以考虑调高目标，增加投入感和体验刺激。

➢ 结合能力，确定合理目标，友好合作，会使我们拥抱信心一起挑战。

6. 经验分享

（1）工作员向参与者介绍游戏规则，避免参与者还没有清晰规则，就盲目订立目标开始挑战，进而出现相互指责或因挫败不愿再尝试，或者确定过低目标，对挑战失去兴趣。

（2）参与者应在30秒的时间内确定第一轮游戏的目标时间，并准备进入游戏。

（3）第1轮结束后宣布有无完成目标，修改目标。

（4）第2轮，直到确定合理的时间。

（5）第3轮，增加难度，让参与者都戴上眼罩。

7. 程序变化

延伸服务：提升挑战难度。

➢ 目的：增加挑战难度，促进参与者在困难面前，学习根据实际的情况，调整目标拥抱信心，勇于挑战。

➢ 程序变化：在第 3 轮挑战中，增加游戏难度，让参与者都蒙上眼睛，在不能说话的情况下，进行传球挑战。

➢ 总结要点：当挑战环境或者难度变化时，我们需要调整心态，总结经验，重新确定合理目标，更好整理思路，拥抱信心去挑战。

## ➔ 塞尔号登陆 ⇐

1. 活动目的

（1）让参加者学习确定合理目标的方法和经验。

（2）鼓励参加者确定足够高且合理的目标。

2. 操作须知

人数：6 ~ 12 人

需时：30 分钟

场地：室内封闭场地

物资：拼图软垫

工作人员：1 ~ 2 人

安全：注意跌倒擦伤

3. 活动内容及形式

（1）把参与者平分为两个小组。

（2）每组用 30 秒时间讨论自己小组所需垫子的数量，才能让全组参与者都站在垫子上，且身体其他部位均不能触碰到软垫外面，也不能与墙、椅子、地面等接触。

（3）各组领取垫子进行尝试，工作员引导各组确定目标数量，并站立 1 分钟，可进行多轮试验与讨论再正式开始比赛。

（4）结束活动体验后，进行活动分享。

4. 分享问题

（1）你们确定的目标是什么？

（2）这个目标合理吗？是基于哪些考虑确定的？

（3）在挑战中你的感受是什么？为什么？

（4）在挑战中你的发现是什么？

5. 解说范例

（1）解说规则：强调确定目标要考虑有能力达到，并具有挑战性，这样会促进个人自信心提升。

（2）总结要点：

➢ 确定有能力达到的、有挑战性的目标（目标不能太高也不能太低）。

➢ 确定目标需要考虑自己的实际能力和情况。

➢ 经过多次努力练习可以提高自己的能力，要有信心。

6. 经验分享

（1）第 1 轮，参与者可能会选择较多的垫子，待第一次结束后，工作员就要引导每个组在现有基础上去掉 X 张垫子，参与者需要在上面站立 1 分钟的时间。

（2）体验过程注意正向的引导，当团队出现挑战失败，团队有相互指责的情况出现，工作员可以引导参与者考虑设定目标要参考全体参与者的能力、特点，并鼓励相互支持。

7. 程序变化

延伸服务。

➢ 目的：通过难度增加，提升参与者的目标设定。

➢ 程序变化：第 2 轮游戏如果成功则让小组讨论是否需要再减少一张垫子。如决定减少一张，就再进行活动；如决定不减少，则邀请参与者验证，是否再减少一张就会导致失败。第 2 轮如果失败，则让小组讨论是否需要增加一张垫子。如决定不增加，则邀请参与者验证，是否增加一张就会达到成功。让参与者体验确定合适的目标。

➢ 总结要点：在设定自己或者团体的目标时，也需要不断尝试，充分考虑能力、特点，这样会让自己更容易收获信息，去挑战适当高难度。

## ➔ 数说乒乓 ➔

1. 活动目的

（1）让参加者学习确定合理目标的方法和经验。

（2）鼓励参加者确定足够高且合理的目标。

2. 操作须知

人数：6~12 人

需时：12 分钟

场地：室内封闭场地，可围圈而坐

物资：三种颜色的乒乓球

工作人员：2 人

安全：提醒过度用力可能会抛得远或扔到别人身上

3. 活动内容及形式

（1）5~6 人一个小组，组内人员先自我介绍，讲出自己的名字，让其他参与者留意。

（2）主带工作员讲解抛球的规则：先要与对方眼神接触，称呼对方的名字，抛出乒乓球，对方接住，依次重复这个行为。

（3）每个人都有一次机会接触到乒乓球，人员不可重复。

（4）最后一个抛回给工作员。

（5）游戏共 3 次，第一次不计时不催促，第二次小组确定限时，第三次提问：怎样可以快一些，参与者提出完成时间，以总体完成时间为目标。

4. 分享问题

（1）刚才体验的游戏有达到自己想设定的目标吗？为什么？

（2）刚才的体验有什么感受？

（3）刚才的目标合理吗？为什么？

（4）在体验中观察到什么？

（5）此游戏对你确定合理目标有什么启示？

5. 解说范例

（1）解说规则：合理高期望概念，即目标设置的难度会影响自我效能感。

（2）总结要点：

➢ 自己确定的目标过高，无法完成，会影响面对困难的自信心，导致丧失动力，在困难面前表现脆弱。

➢ 目标过低，则会因获得刺激少而失去兴趣，或目标较低让自己瞬间的满足度很高，无法促进自己迎接新的挑战，不断进步。

6. 经验分享

（1）主带工作员统筹，一边讲解游戏规则，一边示范。

（2）询问是否有怕被扔球的人存在，并提醒抛的过程中注意安全。

（3）工作员留意参与者的能力、生理及心理状态。

7. 程序变化

延伸服务：促进适当高目标的订立。

➢ 目的：帮助儿童突破自我，确定适当高目标，勇于挑战。

➢ 程序变化：如果某些小组完成得快，可以增加难度，每组增加一到两只不同的球，工作员按照之前的顺序发给参与者。

➢ 总结要点：确定目标需遵循合理高目标的原则，考虑能力范围，同时具有挑战性，就会很好激励勇于尝试者。

## ➔ 乱中求序 ←

1. 活动目的

（1）让组员学习确定团队合理目标的方法。

（2）鼓励参与者订立足够高且合理的目标。

2. 操作须知

人数：6～12 人

需时：15 分钟

场地：室内空旷场地

物资：字母卡牌（字母 A 至 Z）、尼龙绳

工作人员：2 人

安全：注意拍打数字时的安全

3. 活动内容及形式

（1）用尼龙绳在地面固定围成一个约 1.5 平方米的区域，将字母卡牌打散放置于区域地面上。

（2）每组 5～6 人，围站在区域外。每组需要合力按照字母 A～Z 的顺序拍打区域中的卡牌。

(3) 能够顺利按照规则完成，并且用时最少的小组获胜。

(4) 在拍打过程中同一个人不能连续拍打，不能站到区域内，如果出错就要重新开始。

(5) 挑战前小组有 3 分钟时间进行讨论，确定小组完成时间及游戏策略。

(6) 第一轮结束后，小组可以重新讨论，调整目标。

(7) 工作员适时指引参与者要按照小组的实际情况进行考虑。

(8) 挑战后进行活动分享。

4. 程序介入技巧经验分享

第一轮工作员不介入，第一轮结束后，可以根据小组的表现，调整小组挑战时间，鼓励小组调整挑战策略，总结成功经验，相互鼓励，提升自信心。

5. 程序功能及解说范例

小组挑战需要整个小组共同完成，因此工作员在介绍游戏时可以强调小组根据小组各个成员的特点、优势进行目标订立。

6. 程序变化

如果小组完成得快，可以提升游戏难度，再增加一些数字。

## 抗逆小百科

小知识：合理高期望

目标设置的难度会影响自我效能感，目标过高，无法完成，会影响面对困难的自信心，导致丧失动力，在困难面前表现脆弱。目标过低，则会因获得刺激少而失去兴趣，或目标较低让自己瞬间的满足度很高，无法促进自己迎接新的挑战，不断进步。因此，订立目标需遵循合理高目标的原则，考虑在能力范围内，同时具有挑战性，人们才会得到激励勇于尝试。

# 主题四：正向归因

## 一、情景故事

情景一：在英语竞赛中，阿明以 1 分之差输了，阿明觉得自己水平不够，很沮丧，没有信心，失去对学英语的兴趣。

情景二：小丽有点内向，人际关系不太好，那天她去补习班时，交了一个朋友，但她觉得是对方主动才会认识的，自己在这方面还是没有什么潜能，所以仍然不敢主动去结交朋友。

## 二、4 个正向归因游戏实例

### ➔ 因果连连看 ➔

1. 活动目的

通过游戏让组员初步了解正向归因方式，并学会使用合适的归因方式，提升个人自信心。

2. 操作须知

人数：6 ~ 12 人

需时：15 分钟

场地：空旷的活动室（封闭场地，可使用多媒体设备）

物资：工作纸

工作人员：1 人

3. 活动内容及形式

（1）工作员介绍对事情不同的归因会带来不同的效果，并举例说明。

（2）给每位组员派发工作纸，完成工作纸上要求的任务内容。

（3）进行活动分享。

4. 程序介入技巧经验分享

（1）本游戏的重点是通过带领组员分析生活相关事件，引发重新思考。工作员在带领本游戏前，可以搜集组员的年龄段经常遇到的重要事件，将尤其使组员看重或者容易感到挫败的例子作为示范，向组员解说。注意在解说时用化名，不能直接用组员或者同学的名字。

（2）工作员也可以尝试举例说明事情的两大归因方式，并让组员分成2组，每组派发若干卡片，分组讨论并将卡片分为内因及外因2类，并贴在纸上，各组展示讨论成果，工作员评析，增加组员的参与。

5. 程序功能及解说范例

（1）本程序需要通过归因对比，让组员明白正向负向想法会影响我们应对事件的做法。

（2）在介绍中，工作员可以借用工具纸，通过互动问题引导组员，带动大家思考，例如工作员可以说："张亮在一次英语测试中考了100分，比平时高很多，大家觉得张亮会觉得自己是什么原因考到100分？"

（3）等组员分享自己的想法后，工作员可以顺应组员的回应，提出："就像大家认为的，张亮觉得自己是因为努力复习才取得100分的，大家猜他现在的心情是怎样的呀？未来在学习上会怎样呀？"

（4）工作员选取负面的想法，再引导一次，并通过邀请组员分享两种不一样的想法，导致的反应及不同的应对，引出正向归因和负向归因概念，说明正向归因在帮助自己提升自信心中的作用。

6. 程序变化

（1）可以通过类比生活例子，进行引导，或者利用工作员自身的例子，促进组员对主题的理解。例如：数学老师布置了一道题目，全班都没人会做，阿明由于刚好复习过那个知识点，几分钟就做出来了等。

（2）在小组连线中，工作员可以通过小组比赛的形式，增强组员的参与感。

7. 工作纸样板

**因果连连看**

说明：内因是指自身的原因，外因是指除了自己之外的其他外界因素。

要求：请给以下的事情找到合适的原因和反应，并连线。每个事情都有2个原因，每个原因只有一个反应

| 1.事情 | 2.原因 | 3.反应 |
| --- | --- | --- |
| 张亮在一次英语测试中考了100分，比平时高很多 | 这是自己努力复习的结果 | 充满了信心；努力付出会有回报，下次继续努力 |
| | 这次的试题太简单了才会考得那么好 | 没有特别自豪的感觉 |
| 小峰在校运会的长跑比赛上获得了第一名 | 我很有运动方面的天赋，能力很好 | 很自豪，很有信心，继续练习跑步 |
| | 这次别的同学都跑得太慢了 | 没什么太特别的感觉，没有再努力做体育训练 |
| 为了给爸妈一个惊喜，芳芳在家里悄悄地做了人生第一顿饭，但是饭却烧得有些煳了 | 应该是因为方法不对 | 不会觉得难过，只是经验不足，下次向妈妈请教就能做得更好 |
| | 自己真笨，这点小事都做不好 | 感到没有信心，下次不再做饭了 |

## ➔ 随意门变换 ➔

1. 活动目的

让组员在游戏中学习将成功经验或失败经验进行正向归因从而提升自信心。

2. 操作须知

人数：6～12 人

需时：30 分钟

场地：空旷的活动室

物资：眼罩、长绳

工作人员：1 人

安全：注意不能推撞

3. 活动内容及形式

（1）从小组内选出一名组员作为指挥员。

（2）其余组员排成一行，派发一条长绳让他们拿在手上，并戴上眼罩。

（3）指挥员站在场地之外，根据活动导师提供的图形发出语言指令（如三角形），组员调整位置让那根长绳形成所示图案。每次活动都需要更换指挥员。

（4）进行体验分享。

4. 程序介入技巧经验分享

提醒在活动过程中用到以往学习的经验：沟通、聆听、合作、情绪控制、问题解决、目标订立等技巧。

5. 程序功能及解说范例

本体验重点是促进组员运用归因方法，因此每次体验完后，工作员可以进行一次分享，用归因方法促进思考，例如可以说：

（1）大家一开始觉得自己可以用多少时间完成？

（2）为什么我们一开始失败/成功了（内因、外因）？

6. 程序变化

代入讨论：当组员 A 是分享负向归因时，可以与组员进一步讨论怎样可以将之转化成正向归因，提升信心。

## ➔ 半杯水的奇葩说 ←

1. 活动目的

让组员在辩论游戏中联系应用归因方法，提升自信心。

2. 操作须知

人数：6 ~ 12 人

需时：30 分钟

场地：室内空旷场地

物资：工作卡纸

工作人员：2 人

3. 活动内容及形式

（1）将组员平分三组，抽签决定正方、反方与智囊团。正方：我还有半杯水还有希望；反方：我只有半杯水没有希望了。智囊团负责记录观点，并为创新观点打分。

（2）正反方小组各有 5 分钟时间讨论辩手分配（一辩，二辩，三辩，智囊团）以及准备辩论思路。

（3）工作员宣布规则：辩论重在发展多面观点，正方一辩先发言，接着反方一辩发言，依次到正方二辩发言，三辩进行总结。智囊团负责记录辩论的观点，并以投票的方式为正方与反方各选出两条最有力度的支持观点。每次发言不超过 1 分钟。

（4）游戏体验后进行分享。

4. 程序介入技巧经验分享

游戏重在让组员发挥自己的想象，从不同的视角出发，从正、反两方面体会归因的影响，因此工作人员在介绍游戏时，申明本次是创意辩论，不以输赢为唯一标准，避免强调输赢限制组员的发挥，强调发挥创意，提出创新观点。同时强调发表的言论需积极健康向上，不含不恰当字词。

5. 程序功能及解说范例

本游戏为辩论形式，让组员代入故事体验，无论正方还是反方，他们都能积极围绕观点代入自己的情绪，会引发组员对自己过往的经验、对自己的能力、对环境的思考，所以是很好的立体体验。分享环节值得工作员重点引导组员进行反思：

（1）正方与反方辩题的想法有什么不同？他们背后的思考是什么？会对自己的行为有什么影响？

（2）刚才的观点里最创新的点是什么？对自己有什么启发？

（3）当遇到这样的负面情绪，没有信心时，应怎样调整？

6. 程序变化

为增加游戏的创新体验，增加所有组员的参与，以及创意想法的收集，可以增加智囊团对支持团队的观点提示功能。

## 正面思考故事会

1. 活动目的

让组员体会正面思考的意义和好处，学会正向归因；提升老师与学生的联系感。

2. 操作须知

人数：不受限制

需时：35 分钟

场地：室内空旷场地

物资：故事内容

工作人员：2 人

3. 活动内容及形式

（1）老师讲述一个故事。

（2）组员听取故事后讨论。

（3）老师向学生分享一次正面思考的愉快经历。

（4）学生分享曾经的经验。

（5）总结。

4. 程序介入技巧经验分享

注意工作员提前准备好故事，并将细节内容先标出来。指引学生发挥创意，思考正向原因。

5. 程序功能及解说范例

（1）面对困难时，你愿意转换一下想法吗？

（2）如果是这个问题，你觉得为什么？

（3）如果是你，你觉得怎么调整自己更好？

6. 工作纸样板

**愁眉苦脸的妈妈**

一位老太太有两个女儿，大女儿是卖雨伞的，小女儿是卖太阳帽的。两个做生意的女儿，让老太太天天生活在烦恼中，因为晴天大女儿的雨伞卖不出去老太太烦恼，雨天小女儿的太阳帽卖不出去老太太也烦恼。

其实，有很多事情我们都不能改变或控制，但我们可以控制自己的想法，例如这位妈妈可以这么想："明天天晴就好了，小女儿就有机会做生意了……明天下雨就好了，因为大女儿就有机会赚钱了……明天阴天更好……"

那为什么阴天更好呢？

## 抗逆小百科

小知识：韦纳归因理论

韦纳归因理论指出，我们对成功和失败的解释会对以后的行为产生重大的影响。如果把考试失败归因为缺乏能力，那么以后的考试还会预期失败；如果把考试失败归因为运气不佳，那么以后的考试就不大可能预期失败。从这里可以看到两种不同的归因会对生活产生重大的影响：对前次成就的归因将会影响到他对下一次成就行为的期望、情绪和努力程度，同时我们的期望、情绪和努力程度对成就行为有很大的影响。

# 主题五：沟通合作

## 一、情景故事

情景一：小静是一个很内向的小朋友，在班上也没有什么同伴一起玩，老师在课堂上点名让她回答问题时，她也会一直支支吾吾说不出话来，感到很紧张。平时遇到事情总是自己忍着，更不会主动跟老师、同学打招呼、交流。

情景二：小兰从小跟爷爷奶奶一起生活，家人对她照顾得无微不至，方方面面不用等她表达就都帮她做好。小兰上学之后，稍不顺心或别人不理解她的时候，她就会感到很焦虑，这时她只能用哭的方式表达。老师询问她，她也只会摇头。

## 二、4 个沟通合作游戏实例

### ➔ 数字传递 ➔

1. 活动目的

活跃气氛，调动组员情绪，同时让组员了解沟通的途径。

2. 操作须知

人数：10 ~ 12 人

需时：30 分钟

场地：空旷室内（桌椅清空）

物资：工作纸、计时器

工作人员：2 人

3. 活动内容及形式

（1）将组员平分两队，各站一排。

（2）由每排最后一名组员看数字卡，各组员通过身体摆姿势一个一个往前传递信息。

（3）两队的最前一名组员将猜到的数字写在白纸上。

（4）看哪个队伍速度最快、最准确。

4. 程序介入技巧经验分享

（1）分组时每组人数需相同，当组内人数为单数时，可邀请一位组员做裁判，并由该组员指定下一位裁判，从而轮流参与到游戏当中。

（2）当出现传错的结果时，组员可能会出现互相埋怨的情绪，工作员需及时介入调整，引导组员在组内讨论中总结成功传递与失败传递的原因。

5. 程序功能及解说范例

（1）游戏解说：通过提问开阔组员思路，但不由工作员做示范。如数字 3，工作员询问组员有什么方法用身体摆出 3，组员之间可以摆好之后互相参考。

（2）总结要点：大家都懂得身体摆出的形状时，才能猜到是什么数字。摆造型的人自己“认为”是，但有的时候对方并不理解，所以我们才需要“沟通”，表达自己的想法。

6. 程序变化

（1）难度调整：可摆字母，或字母数字交叉。

（2）比赛形式多样化：从简单到困难，例如先挑战 3 个数字，再到 5 个数字，以此类推。

## ➔ 毕加索 ➔

1. 活动目的

（1）让组员体验单向沟通与双向沟通的不同。

（2）了解沟通在人际交往中的作用。

（3）认识如何进行有效的沟通。

2. 操作须知

人数：6～8 人

需时：30 分钟

场地：室内（需有桌椅）

物资：画纸、笔、工作纸

工作人员：1 人

3. 活动内容及形式

（1）平分为两组，每组派一名组员，该组员能够看到工作纸上的图，并描述图片，其他人根据描述作画，并且不能让描述者看到画。

（2）描述变化：

➢ 第 1 张图，台下的组员要闭上眼睛，只允许听，不许提问。

➢ 第 2 张图，台下的组员可以睁开眼睛，但只允许听，不许提问，描述者可以使用肢体语言。

➢ 第 3 张图，台下的组员可以看，组员可以发问。

➢ 分享。

4. 程序介入技巧经验分享

（1）提醒组员按照自己的想法去画，不需要互相参考。

（2）做描述的组员不能看其他组员作画的内容，尽量以自己最真实的想法进行描述。

5. 程序功能及解说范例

总结要点：单方面的沟通会出现互相不理解的状况，在人际交往当中我们需要双向的沟通。

6. 工作纸样板

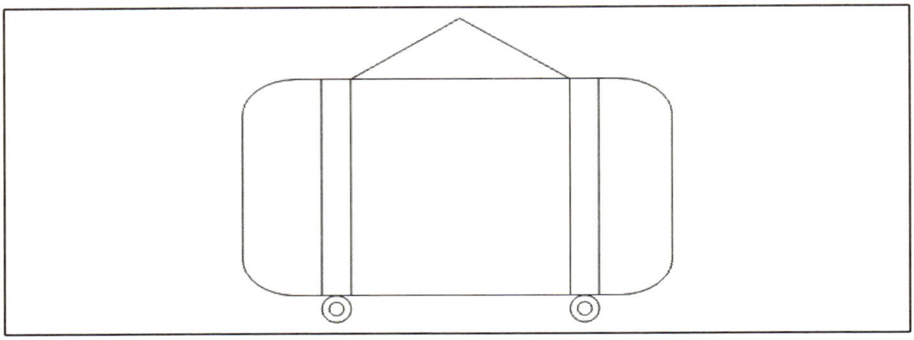

## ➔ 飞越黄河 ➔

1. 活动目的

培养组员团队合作、有效沟通能力，增强小组成员间的联系感。

2. 操作须知

人数：8～10 人

需时：40 分钟

场地：空旷室外

物资：软垫

工作人员：2 人

安全：组员在跨越过程中的安全，以防拉伤等

3. 活动内容及形式

（1）在地上画出起点线和终点线，中间区域相距至少 10 米作为“黄河”。

（2）将参与者平分为两组（每组最好少于10人），各成单行纵队，排在同侧起点线外。

（3）工作员给每位参加者派发一张软垫，每组多发一张软垫。

（4）整组参与者都必须依次踩着软垫从起点线走到终点线，用时短的小组获胜。

（5）游戏开始后，每一位参与者通过向前调整站位腾出空余的软垫，并由最后一名组员将空出的软垫向前传递，由第一名组员向前铺设，使整组参与者前进。

（6）过程中，组员不能出声，脚只能站在软垫上，身体其余各部位都不能碰到地面，或依靠其他物体站立，否则全组参与者必须从起点重新开始；同时，软垫在任何时候都需要有人接触，没有人接触的软垫会被工作员没收。

（7）分享总结。

4. 程序介入技巧经验分享

（1）每组人数需相同，若有单数可请一位组员做裁判，并由其选择下一位裁判，轮流参与游戏。

（2）在开始前请组员先进行讨论，活动开始后不能再说话。

（3）其他组员有意外失误时，工作员需及时介入调整，引导组员互相鼓励，防止组员之间可能会出现的互相埋怨，在最后总结原因。

5. 程序功能及解说范例

（1）热身准备：给予各组讨论和准备的时间，组员之间可设计互相鼓励的手势。

（2）总结要点：分享时可先分成两组，各自讨论在“飞越”过程中的情况，并进行分享感受和收获。

（3）分享提示：

- 刚才遇到的困难是什么？
- 怎样做才能成功过河？
- 你们的收获是什么？

6. 程序变化

（1）增强难度：限时缩短，或减少一张软垫。

（2）突发情况应变：软垫任何时刻需要有人碰到，如果没有则软垫会被“大水冲走”（工作员收走“冲掉”的软垫）。

## ➔ 水到渠成 ←

1. 活动目的

（1）提升组员相互协作的技巧。

（2）让组员学会发表意见及接纳他人的建议。

（3）让组员分享游戏心得，并从中能有所体会，给予组员一个互相学习的平台。

2. 操作须知

人数：8～10 人

需时：40 分钟

场地：空旷，室内外均可

物资：A4 纸、胶球、胶杯

工作人员：2 人

安全：组员在过程中的跑动安全

3. 活动内容及形式

（1）组员平分两组，并各站成一列，每人手持一个纸管。

（2）每组有 5 分钟时间讨论怎样利用这条“渠”，合力将胶球运送通过“渠道”（纸管）至目的地（胶杯）。

（3）社工将一个胶球放在行列中的第一位组员的纸管上。

（4）过程中组员不可接触胶球；若胶球中途落地、停留在卡纸上或倒退，则需由起点重新开始。

（5）分享总结。

4. 程序介入技巧经验分享

（1）游戏前小组内进行讨论，工作员可进组观察并引导组员思考与分工。

（2）当遇到组员失误，需要重新开始时，工作员需及时介入调整，引导组员互相鼓励，防止组员之间可能会出现的互相埋怨的情绪，在最后总结原因。

5. 程序功能及解说范例

（1）分享提示：

➢ 开始前如何进行沟通，制定战略？

➢ 中间遇到了什么困难，如何解决？

➢ 这样的解决方法是否合适？

➢ 如果现在请大家再思考解决方法，大家会用什么样的方式呢？

（2）分享归纳要点：

➢ 注意听取别人的建议。

➢ 合理确立自己的目标。

➢ 团结合作。

➢ 合理沟通。

6. 程序变化

（1）游戏难度变化：可以在胶球到达“渠道”中间位置时，放置第二个球。

（2）随机应变：若组员多次掉球，也未能顺利将球运送到目的地，可以让球从跌落处重新开始。

## 抗逆小百科

小贴士1：提升儿童沟通能力的环节设置需要聚焦促进小组动力的产生

工作员需熟悉组员的特质，可以通过沟通能力好或乐于表达的组员，带动较为安静、未能掌握沟通技巧的组员，促进他们之间的互相影响。

小贴士2：沟通表达能力也与儿童的自我认识、自信心有关联

在小组中，除了注重环节设置中对沟通技巧的传递，也需要注重儿童自信心的培养，善用小组规则、互相鼓励等方式，促进儿童增强表达与沟通的信心。

# 第二节　抗逆力6个亲子互动小方法

一旦儿童步入了学龄阶段，许多家长就会松一口气，因为他们认为儿童成长发展的责任就交给了学校，自己终于“解放”了。但很快，家长们就会发现自己完全错了，孩子点点滴滴的成长都离不开家长，离不开家庭的环境，而且家庭是一个更重要的环境。家庭层面对提升儿童抗逆力有着重要的影响，它可通过亲子关系、亲子共聚时间以及亲子间的相互关怀，提升家庭层面的抗逆力。本节，我们会与家长们分享6个亲子互动的小方法，期待在家庭中通过日常的互动与沟通促进和谐的亲子关系，增强家庭及儿童的抗逆力。有人问，家长平时的工作已经很繁忙了，还需要在家里面做这么多事情吗？其实本书更想告诉家长，互动是从小事开始的，并不需要特地安排，陪伴就是对儿童成长最重要的支持。

## 一、情景故事

情景一：豪仔爸爸早上被上司狠狠地批评了一顿，说他工作不仔细，还经常迟到早退的，心思都不放在工作上。经过一天的劳累，豪仔爸爸终于赶回家，希望与豪仔一同晚餐，并且检查他的作业，可一开门就看到豪仔踩在桌子上，身上披着床单，玩具扔得满地都是。一下子，豪仔爸爸忍不住了，随手拿起地上的衣架，就要打豪仔。

情景二：一次家长工作坊上，家长们在讨论孩子们现在都很有主见，无论爸妈怎么游说都不肯听的经历。这时，欣欣妈妈苦恼起来了，欣欣从小就没有想法，一问三不知，什么事情都是爸爸妈妈做主，怎样才能让欣欣独立自主起来呢？

## 二、6 个亲子互动小方法

### ➔ 家庭冷静角 ➔

1. 适用范围

（1）用于协助儿童将情绪正确传达出来。

（2）这个互动方式适用于突发情绪的处理，适用人群十分广泛，家长及儿童都可以使用。

2. 目的

（1）让家长和儿童情绪得到宣泄。

（2）建立亲子间相互关爱、支持的家庭环境。

3. 内容及形式

（1）在家庭布置一个舒适的冷静角。

（2）家长与子女共同商量，为冷静角起一个喜欢的名字。

（3）制定冷静角的规则。

（4）当家长或儿童需要平复心情时，如生气、伤心时，就可以静静地待在冷静角。

（5）待心情平复后，可以与家人分享感受。

4. 爸妈感想

面对顽皮的孩子，家长经常被情绪牵着走，很容易把情绪都表达给孩子，因此很多时候会采用错误的表达方式，如大声吼叫、责骂孩子，甚至体罚，但孩子总会一次又一次地重犯，让家长十分头痛。现在采用了“冷静角”，当家长自己的情绪不好走入冷静角时，就是告诉孩子家长生气了，不要再惹家长了。当孩子习惯去冷静角时，真是神奇，原来哭闹的孩子几分钟后就冷静下来了。这种冷静的重点是，以往都是“火星撞地球”，现在孩子可以从负面情绪中抽离出来，家长也在冷静的时间里面把火气压制下来了，亲子间更容易沟通。作为家长也有不完美的时候，也需要释放负能量。

5. 社工分享

（1）冷静角是正面管理里面的“积极暂停”工具，能使亲子间的负面情绪在积极的空间中得到迅速暂停，重新带着正能量出发。

（2）“冷静角”不是处罚孩子的工具，而是给予家长和儿童一个调节情绪的空间。家长和儿童可以一起布置这个空间，放置自己认为舒服和放松的物品。

（3）虽然冷静角适合任何年龄的人群，但是建议3岁以下的儿童需要在家长的视线和陪同下进入冷静角，让儿童更加安心地面对情绪。

（4）冷静角是亲子双方共同的约定，因而要双方共同制定规则，大家也一起遵守。

6. 工作纸样板

**家庭冷静角规则**

（1）进入冷静角的我们都不能说话。

（2）我们都要共同维护冷静角的环境，不能损坏它。

（3）……

我们承诺都愿意遵守以上规则！

遵守人：

年　　月　　日

## 家庭冲突抽抽乐

1. 适用范围

（1）用于出现家庭冲突、突发情绪情况。

（2）这个互动方式主要帮助孩子选取处理矛盾的方法，适用于有思考及表达能力的儿童（5岁以上）。

2. 目的

（1）快速解决因家庭冲突而产生的矛盾。

（2）促使亲子间建立更加稳固的互动关系。

（3）提升家庭抗逆力。

3. 内容及形式

（1）家长与孩子一同讨论，当发生家庭冲突时有哪些解决办法。

（2）通过讨论将所有解决方法都写下来，从中挑选最适合的方法。

（3）用硬卡纸制作若干小卡片，并将挑选的方法分别写在卡片上。

（4）当家庭发生冲突时，家长或孩子抽取卡片，用卡片上的方法暂停冲突。

4. 爸妈感想

孩子放学回来，我正在煮饭，就让孩子赶快洗澡，等下出来就可以吃饭了，可是在厨房喊了几次他都没有反应，原来孩子正在玩平板游戏。我一下子“气”就上来了，马上站在门口骂起孩子来，孩子觉得很委屈哭闹起来。这时他爸爸下班回来见到这个情况，安抚了一下我们双方的情绪，然后拿出上周刚做好的“家庭冲突处理卡片”，让孩子抽取了一张，孩子按照卡片的内容走过来拥抱了我一下，我这个时刻突然有点后悔为何大声地骂他。孩子的情绪也稍微冷静了，跟我说：老师说刚刚回来满身都是汗，不能洗澡的。我听后也平静地告诉孩子：“刚才妈妈这么大声是不对的，不过当听到妈妈喊的时候你应该礼貌回应，你也可以跟妈妈讲清楚你的想法，但这也不是你玩平板的理由。”孩子点了点头，放下了平板电脑。可能这些卡片就是在不断提醒我和孩子，要冷静处理情绪的心理暗示吧！

5. 社工分享

（1）“家庭冲突处理卡片”是正向管教的一个工具，除了卡片还可以采取其他形式。

（2）制作卡片的关键是亲子共同商量讨论，选取大家都认同的方式。

（3）除了处理家庭冲突，还可以找到处理孩子发脾气的方法、处理情绪的途径等。

6. 工作纸样板

家庭冲突处理卡片

| | | |
|---|---|---|
| 睡觉  | 写字  | 逛街  |
| 看书  | 玩手机  | 拥抱  |

## 家庭小会议

1. 适用范围

（1）用于促进亲子沟通，建立平等和谐的家庭关系。

（2）这个互动方式适用于制订计划、解决家庭冲突等方面，适用于有思考与表达能力的儿童（5 岁以上）。

2. 目的

（1）让儿童参与家庭决策。

（2）提升儿童对于家庭的归属感和信任。

（3）激发儿童的潜能，提升儿童解决问题的能力。

3. 内容及形式

（1）准备讨论、决策的内容。

（2）亲子约定特定时间，围坐。

（3）轮流说出对于讨论事件的想法，在别人讲话时需要认真聆听，不要发表意见。

（4）最终讨论，达成一致意见。

4. 爸妈感想

这是我第一次召开家庭会议，虽然还有很多需要改善的地方，但是我认为这是值得坚持做的事情。这次会议的主题是：暑期旅游，我们与孩子一起讨论旅游的时间、地点，以及我们各自的分工。一开始时，孩子很不习惯这种沟通的模式，很多时候不出声，或是回应“都可以”。在我的耐心聆听下，孩子终于表达了一点自己的看法，她希望可以跟奶奶一起去旅游，之前奶奶说很想去云南的。听到这样的建议让我吃惊，原来孩子的心一直都那么的细，作为儿女的我们都不知道奶奶希望去云南。就这样，我们把今年的家庭旅游目的地定在了云南，并且跟爷爷奶奶一同出游。相信之后的家庭会议，能让我们沟通和表达更多。

5. 社工分享

（1）家庭会议能让儿童学会聆听、尊重、合作，能让孩子有更多的家庭责任感和归属感。

（2）家庭会议应该建立在公平的氛围下，注意我们要从儿童的角度出发，让家庭会议真正成为家庭平等协商、共同参与家庭发展的平台。

（3）成功的家庭会议需要准备，包括制定会议流程、会议主题，确定会议主持人等。

（4）家庭会议可成为家庭中的恒常活动，成员间轮流成为主持人，掌握会议的流程和进度。一开始时，可以有家长作为示范，鼓励孩子承担家庭会议的角色。

（5）家庭会议的形式和内容有很多，如：相互鼓励、解决冲突、协商计划等。

6. 工作纸样板

**家庭会议记录表**

| | |
|---|---|
| 与会者：□爸爸 □妈妈 □孩子 | |
| 主持人：□爸爸 □妈妈 □孩子 | |
| 记录人：□爸爸 □妈妈 □孩子 | |
| 讨论主题： | |
| 讨论日期/时间： | 讨论地点： |

续表

| |
|---|
| 会议议程：<br>1.<br>2.<br>3. |
| 会议记录： |

## 饭后一小时

1. 适用范围

（1）用于增加亲子共聚时间，促进亲子交流互动。

（2）这个互动适用于培养亲子间相互沟通的习惯，适用于不同年龄阶段的儿童。

2. 目的

（1）让亲子间相互交流和沟通。

（2）提升儿童对于家庭的归属感和信任。

（3）促进亲子之间的互动。

3. 内容及形式

（1）在晚饭后，亲子相互描述今天工作单位/学校发生的故事。

（2）相互询问今天的情绪和心情。

（3）相互鼓励和赞赏。

4. 爸妈感想

以前，一天工作下来很累，还要做饭、做家务，孩子在旁边还叽叽喳喳地说个不停，我发现自己的情绪也控制不住了，让孩子回房间去别吵着我，孩子沮丧地走开了，作为家长的我们此时很内疚，千万句话在心里说不出来。现在，我慢慢锻炼自己利用有效的时间与孩子进行沟通，告诉他们自己工作的情况和心情，看着他们似懂非懂的小眼神，自己的心情好多了，有时候孩子知道家长不开心，还会给予一个爱的拥抱。作为家长的我们，应该向孩子学习，用最直接简单的方式表达爱。

5. 社工分享

（1）亲子沟通是建立良好关系的关键，其实沟通的时间不一定是饭后一小时，我们可以用很多有效的时间，如吃饭、上学放学期间等。

（2）沟通一定要持续和坚持，让亲子沟通成为习惯。

（3）不要以为孩子还小，不了解父母的感受，其实人与人的接触和感受不在于年龄，尝试用心去感受孩子的爱，也尝试多用时间去陪伴孩子，让他们同样感受爱的来源。

6. 工作纸样板

**饭后一小时登记表**

家长们加油，每天与孩子沟通完就画“○”吧！相信你们可以坚持下去的。

| 星期日 | 星期一 | 星期二 | 星期三 | 星期四 | 星期五 | 星期六 |
|---|---|---|---|---|---|---|
| | 1 | 2 | 3 | 4 | 5 | 6 |
| 7 | 8 | 9 | 10 | 11 | 12 | 13 |
| 14 | 15 | 16 | 17 | 18 | 19 | 20 |
| 21 | 22 | 23 | 24 | 25 | 26 | 27 |
| 28 | 29 | 30 | | | | |

## ➔ 我的自愿家庭服务 ←

1. 适用范围

（1）用于锻炼儿童的动手能力和自我照顾的能力。

（2）这个互动适用的范围比较广，可以尝试运用在不同情况下，主要适用于低龄的儿童（5 ~ 10 岁）。

2. 目的

（1）培养儿童对家庭的责任感。

（2）让儿童了解家长的辛劳，学会关怀他人。

（3）培养儿童独立应对生活的能力，提升生活抗逆力。

3. 内容及形式

（1）跟儿童约定将家庭的部分家务交由他们完成。

（2）当完成家务劳动以后，家长可以对儿童的行为进行赞赏。

（3）在赞赏的同时，表达自己的心理感受。

4. 爸妈感想

作为父母，总想给孩子最好的，能够保护他们、协助他们的所有东西。但往往却忽略了孩子们也需要成长，也需要家长给他们成长的机会和平台，并且需要家长的陪伴。看着自己的孩子拿起抹布，认真地擦拭自己的小书桌时，我突然感觉到了那小小的身躯里有着大大的力量，从前那个“小不点”真的长大了，真的可以帮助自己的家了。作为家长的我们，也要相信孩子，他们也有力量。

5. 社工分享

（1）儿童的家务工作可以安排在寒暑假、周末，或者每天晚上，但注意适量以及适时。

（2）尝试给孩子选择权，家务可以由家长安排，也可以由儿童自己挑选，但比较建议亲子共同商量确定，在商量过程中促进亲子沟通。

（3）家长应该以积极的心态感染孩子，可以与孩子们一起劳动，在潜移默化中影响孩子。

（4）尝试给孩子一些小挑战，偶尔给他们新任务，或是更新更高的要求，这样，孩子会觉得新鲜，也可以锻炼孩子不畏挑战和战胜失败的能力。

（5）适当时在孩子面前示弱，告诉孩子家长也需要帮助，可以让孩子建立自信心和责任感，也会知道关怀家人。

（6）具体而真诚的赞赏，鼓励孩子的进步，也让孩子建立自信。

6. 工作纸样板

**我的自愿家庭服务登记卡（　年）**

| 日期 | 服务时长 | 服务内容 | 家长赞赏 |
|---|---|---|---|
| 月　日 | 分钟 | 帮做了 | ☆☆☆☆☆ |
| 月　日 | | | ☆☆☆☆☆ |
| 月　日 | | | ☆☆☆☆☆ |

续表

| 日期 | 服务时长 | 服务内容 | 家长赞赏 |
|---|---|---|---|
| 月　日 | | | ☆☆☆☆☆ |
| 月　日 | | | ☆☆☆☆☆ |
| 月　日 | | | ☆☆☆☆☆ |
| 月　日 | | | ☆☆☆☆☆ |
| 月　日 | | | ☆☆☆☆☆ |

## ➔亲子爱心行动←

1. 适用范围

（1）用于培养亲子合作能力及公民责任。

（2）这个互动需要在家庭及学校之外的地域完成，适用于中高年龄段的儿童（8～12岁）。

2. 目的

（1）促进儿童及家长参与社区建设。

（2）增强儿童及家长对社区的喜爱。

（3）促进儿童及家长关爱他人，关怀社区。

3. 内容及形式

（1）家长与孩子一同讨论社区的需要。

（2）家长与孩子一同讨论他们的优势。

（3）家长与孩子一同制订爱心行动的计划。

（4）亲子一同完成爱心行动。

（5）亲子一同总结行动情况，相互赞赏。

4. 爸妈感想

今天我们家跟着社区社工站的亲子志愿者一起到社区去宣传垃圾分类，忙了一整天，感觉比上班还要累。不过此时我的内心却是甜甜的，因为我看到了自己孩子的另外一面，平日家里的“小皇帝”，在队伍里却是那么的积极、勇敢、乐于奉献，他是第一个走出队伍去向社区的叔叔阿姨宣传，带着我去认识队伍里面不同的家庭的。“孩子，看到你长成了独立勇敢的模样，你不知道妈妈那时有多么地高兴。是的，作为家长的我们也要勇敢，学着成为合格的家长，学着跟上你们的步伐。”一位妈妈的独白。

5. 社工分享

（1）家长可以与孩子一同设计爱心社区活动，也可以参与由社区主办的活动，关键是亲子一起参与。

（2）家长是儿童很好的榜样，亲子的共同参与，能让儿童感受到社区的关爱，以及能将家长热爱社区和参与社区服务的过程，变成自己的经验。

（3）提升社区居民间相互关爱的能力，能够有效提升社区抗逆力，从而也保障儿童抗逆力的提升。

6. 工作纸样板

爱心行动五步曲

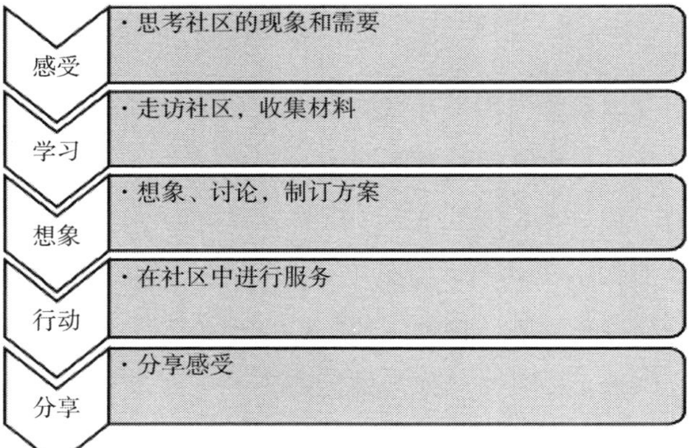


## 抗逆小百科

小贴士1：正面的家庭教育培养积极向上的孩子

在过往的教育中，往往强调环境对于孩子成长的重要性，但大家常常将重点放在社会环境、社区环境或者学校环境中，很多家长就是为了让孩子上一所好的学校，选择重金购买学区房而举家搬迁。可家长们往往忽视了家庭环境对于孩子成长的重要性。通过积极、正向、鼓励、肯定的沟通，能更好地培养孩子良好的行为习惯，提升家庭抗逆力。

小贴士2：形成制度化的沟通机制

伴随着二孩时代的到来，家庭教育对于父母来说越来越繁重，如何解决好父母与孩子间沟通的问题，成为每一位家长都必须修炼的课题。在这里我们提出构建制度化的沟通机制，针对家庭之间的沟通，适当开展有深度、坦诚的对话，大家都可以说出自己实际的状况，让父母第一时间掌握孩子所遇到的问题，并及时给予引导和帮助。

# 第三节 抗逆力4项课堂转化应用

虽然有很多老师都知道学校是儿童成长的一个重要地方，而抗逆力也必将在这个环境里面发展，但许多老师都有同样一个疑问：平时班级就是一个学习的地方，而老师在学生心目中也是一个传道授业的角色，那怎样才能将抗逆力培养融入课堂里面呢？本节我们将会为老师提供4项有趣的课堂活动应用，让老师可以轻松地在课堂中培养儿童的抗逆力。但最重要的是，如果要建立班级轻松正向的抗逆氛围，老师心态的调整是最重要的一环，老师们也应尝试放下自己尊贵的师长角色，与孩子们一同成长！

## 一、情景故事

在一节科学课上，王老师带着二年级的小朋友到学校植物园中去观察植物，举着扩音器的老师在一边温柔地说着："大家看看这是什么植物？"孩子们一拥而上，还有孩子用手去碰小植物。老师一下子紧张了，马上说道："大家一个跟着一个，不要着急，都可以看到的。大家的手不要碰植物，浩浩、浩浩你的手……"但孩子们还是往花坛上挤，还有的孩子钻进花棚里想看看老师说的那棵植物。王老师一看，生起气来了，大喊道："你们在干什么，出来！谁让你们钻进花棚里的。好，都不看了，排好队，我们回教室去！"

## 二、4项课堂转化应用

**→ 我是你的小天使 ←**

1. 目的

（1）让儿童学习如何去关爱他人。

（2）建立儿童朋辈群体的支持系统。

（3）让儿童在关爱活动中，练习沟通技巧。

2. 内容及形式

（1）准备好写有班上所有学生名字的小纸条。

（2）让学生之间相互抽取名字，确定需要守护的同学。

（3）在守护过程中，所有同学之间必须承诺保密。

（4）在守护过程中，需要对抽取的对象进行守护，如关心和帮助他。

（5）一段时间后，公布守护小天使的配对情况。

（6）被守护的小天使感谢守护人。

（7）评比出最佳守护人。

3. 教师口诀

（1）如若班上个别同学之间相互关系较为疏远，或者老师希望部分同学可以相互协作多一点，老师可以进行配对后，再私下通知需要守护的小天使安排。

（2）老师可以按照需要确定“我是你的小天使”进行的时间，一般以一个学期为一个节点，较容易操作。

（3）在公布守护小天使配对情况前，老师可以让同学之间相互猜测谁才是自己的守护人，并详细讲出原因。

（4）如若小天使之间因任何原因知道了配对情况，游戏也可以继续进行，老师可以让知道配对的双方继续进行守护任务，直至游戏结束。

## ➔团队挑战赛➔

1. 目的

（1）培养学生团队合作的技能。

（2）提升学生团队的抗逆能力。

（3）通过团队互动，提升个体抗逆力。

2. 内容及形式

（1）将班上的学生分成若干小组。

（2）在规定时间内以小组为单位完成某项任务。

（3）以小组为单位进行汇报。

3. 教师口诀

（1）团队挑战其实也是社工常说的小组工作，很重要的目的是促进小组成员之间的互助和共同进步。

（2）这样的分团队可以学期为节点，或者以任务为单位，老师也可以根据班级的情况，将这样的分组持续到整个小学阶段，让团队能更有效地影响个人的成长。

（3）在团队合作过程中，还会产生很多正向的影响，如可提升学生的沟通、合作、聆听等能力，也能同时增强班级这个大团队抗逆氛围的形成。

## ➔优点大爆炸➔

1. 目的

（1）让老师更多地发现学生的潜能和优势。

（2）让学生在正向的环境中成长。

（3）让学生培养积极的心态去面对困难，接受挑战。

2. 内容及形式

（1）老师将班级的学生进行内部分批次。

（2）每周老师可以依次对学生进行观察，并将他们的强项写下来。

（3）老师在合适的时间，定期公布观察的结果。

3. 教师口诀

（1）希望老师可以尽可能地发现学生的优势，特别是平时行为和态度都有偏差的学生。

（2）老师观察学生的强项后，要勇于突破自己的角色定位，对学生表达赞赏。

（3）老师要协助学生不断认识和了解自己的强项、弱项，并帮助学生将弱项转化为强项，更好地面对挑战。

### 我很欣赏你

1. 目的

（1）让学生学习欣赏别人。

（2）强化学生朋辈群体的关系。

（3）让学生能在欣赏和正向的环境中成长。

2. 内容及形式

（1）老师让学生在日常的生活和学习中，留意身边同学的情况，将值得欣赏的事情记录下来。

（2）老师可以安排每周的特定时间进行相互欣赏环节。

（3）学生相互欣赏，教师也欣赏学生。

3. 教师口诀

（1）欣赏的时候一定要说到具体的原因，越细致越好，切忌空泛随意。

（2）老师应起到示范作用，表达对学生的欣赏。

（3）此环节可以连接“优点大爆炸”活动，老师可以提前做好准备和记录。此外，此活动还可以和“我是你的小天使”“团队挑战赛”相联系，欣赏自己的小天使，或是欣赏团队中的队友。

## 抗逆小百科

小贴士1：外部支持因素的重要性

抗逆力因素分为外部支持因素、内在优势因素和效能因素3个部分。在外部支持因素中，那些经常与我们相互影响的人，可以帮助以及增强我们的抗逆能力。对于儿童而言，与其发生影响的人来源于家长、老师以及接触最多的同学群体。因而，倘若儿童与他们的同学之间能够有正向的连接关系，获得正向关怀的环境以及有意义的互动关系，就能有效地增强抗逆能力。以外部支持因素为基础，不断增强内在优势及效能感，儿童也可以通过对其他人的关爱，建立自我认同感和自信心。

小贴士 2：团队抗逆力对个人抗逆力有着正向的影响

有研究表明，高水平的抗逆力单位，其成员的抗逆力及心理健康水平也会很高；且个人抗逆力在团队抗逆力与个体心理健康之间起着中介作用①。由此可见，团体抗逆力对个人抗逆力有着正向的影响作用，尤其在应对突发危机事件时。应重视的是，除了增强儿童个体的抗逆力、家庭的抗逆力水平以外，我们同时也应从团队的抗逆力出发，通过团队成员之间的链接，从而稳定团队成员的心理健康水平和生理功能。

小贴士 3：抗逆力与积极心理学

抗逆力是从积极心理学角度挖掘求助者的内在潜能，不再单纯关注问题的负面影响，而是强调人在面对压力、逆境时的潜能激发和自我超越。抗逆力研究发现，每个人都有抗击逆境的潜能，人在面对危机和困境时，潜质被唤醒，生成为应对困难的力量②。以往在学校的心理健康教育中，我们常用的假设是，由于学生心理问题或者行为障碍是由危机处理影响的，因而老师往往将重点放在帮助学生避免危机和压力，对学生进行保护与看管上，这使学生很少经历危机和逆境，学生一旦遇到危机处境时就很难去面对困难。而优势视角的角度，是强调学生正向处理发展状态，老师需要去动态地看到学生成长的过程，不是回避压力，而是要激活学生个体的潜能，帮助学生形成应对压力和困境的能力和技巧。

小贴士 4：“优势视角”与“问题视角”

在个体抗逆力形成和发展中，优势视角能促进个体抗逆力的提升。“优势视角”是相对于“问题视角”而言的，优势视角强调，即使是最可怜的、被社会所遗弃的人都具有内在的转变能力，表达了对人类尊严的尊

① 梁社红、时勘：《团队抗逆力对个体抗逆力的影响作用》，载《电子科技大学学报（社会科学版）》2016 年第 2 期（第 18 卷），第 29—32 页。

② 田国秀：《从“问题视角”转向“优势视角”——挖掘学生抗逆力的学校心理咨询工作模式浅析》，载《中国教育学刊》2007 年第 1 期，第 14—18 页。

重与肯定。优势视角认为，助人者所应该做的一切，是要立足于发现和寻求、探索及利用矫正对象的优势和资源，协助他们达到自己的目标，面对他们生命中的挫折和“不行”，实现他们的梦想[①]。因而，在儿童成长过程中，促使儿童在优势正向的环境中成长，或者能够用优势视角去观察和欣赏身边的人与物，对儿童抗逆力的形成和发展有着重要的作用。

① 沈之菲:《优势视角——促进个体抗逆力的提升》，载《思想理论教育》2010 年第 24 期，第 55 - 59 页。

# 第四节　抗逆力5款创意小工具

抗逆力的培养并不是一次或几个课程就能够成功的，需要通过不断的体验—观察—总结—尝试的过程，才能一点一点地进步。因应儿童的特性和需要，本节我们提供了5款小工具，能持续有效地提升儿童的自信心，以及沟通合作、情绪管理等方面的能力，有助于改善抗逆力，提升抗逆力服务的趣味性和吸引力。

## 一、情景故事

“社工姐姐，怎么今天又是捉虫虫啊，可以玩点别的吗?”在一次社工组织的学生小组活动上，一位“老”组员跟社工抱怨道。接踵而来的，就是这名学生躲在一边，无论社工怎么劝导也不愿参与活动。后来，几位小组组员看到他可以有“特权”，也不愿意参与小组的活动了，几个人默默地在一旁玩耍。

## 二、5款创意小工具

➔成长日记➔

1. 目的

（1）协助组员具体了解自己的情绪。

（2）协助组员掌握小组的进展。

（3）协助组员肯定、欣赏个人的成长及收获。

2. 内容及形式

（1）在课程开始之初，送给每位组员一本《成长日记》。

（2）请他们记下每次活动的情绪、课程收获、个人成长。

（3）每次课程，都需要安排固定的时间，培养组员记录的习惯。

（4）请组员在每次课程时都必须携带这本《成长日记》。

（5）日记由课程组设计提供。

3. 社工分享

（1）《成长日记》有利于情绪波动、处于迷茫状态的组员整理情绪和记录成长。

（2）若担心组员会忘记携带日记参与课程，可在每次课程填写后交由工作员代为保管。

（3）针对文字表达能力较弱的低龄组员，可鼓励他们用画画代替文字。

（4）每次课程开始之前，工作员可以结合组员的日记，回顾上一次课程的内容，使组员产生共鸣。

（5）日记可作为家长/老师课程的辅助工具，让家长/老师从日记中了解组员的情绪变化及成长情况，从而调整家庭教育及课堂氛围。

（6）日记的设计需要符合儿童的特点，图案、语言风格等方面应有吸引力。也可以采用“活页”的形式，每次课程时派发一页，从而避免因课程内容调整而影响记录。

（7）课程结束时，把《成长日记》交还组员。

4. 工作纸样板

**成长日记**

日期：

（1）今天我的感受（可“○”多个）

| 开心 | 满怀信心 | 害怕 | 被爱 | 有兴趣 | 满怀希望 | 平静 |
| --- | --- | --- | --- | --- | --- | --- |
|  |  |  |  |  |  |  |
| 孤单 | 失望 | 担心 | 愤怒 | 兴奋 | 挫折 | 疲乏 |
|  |  |  |  |  |  |  |
| 紧张 | 感激 | 伤心 | 其他____ | 其他____ | 其他____ | 其他____ |
|  |  |  | | | | |

（2）今天经历了……（可写下你的建议）

（3）我欣赏我自己……（可画出或写出你的感受）

5. 案例分享

第一次见到就读小学三年级的小雨是在亲子启动礼活动上，正如老师和家长推荐时介绍的那样，她很乖巧、很安静。还记得那一天，她第一个来到小礼堂等待妈妈来参与亲子活动。她静静地坐在了一个角落的位置上，观察着其他组员和家长的互动。当工作员过去作自我介绍并邀请她一起来认识其他组员时，她只是微笑了一下，摇了摇头。

工作员在小组前电话了解情况时，妈妈表示这是小雨的常态。小雨平时很少跟自己聊学校的情况，家长说什么她都会照着做，但妈妈问她的意见时她总是摇头说没有。妈妈担心地说："真不知道小雨在想什么，希望这次的课程能提升小雨的表达能力，同时也可以增强我们的亲子关系，真希望女儿能跟我们说说心事！"老师也说，小雨在班上很乖，但是朋友比较少，经常一个人坐在位子上。

课程的第一节，工作员送给小雨一本《成长日记》，并告诉小雨这是记录小组故事的手册，可以将我们经历的东西都记录下来，比如自己的心情、自己想说的、自己想称赞自己或者他人的话等。工作员每次都会很认真地看组员所记录的日记，欣喜地发现小雨欣赏自己的东西记录得越来越多，自己的情绪也越来越丰富了。工作员还发现，做了记录之后的小雨，慢慢地可以很系统地跟组员们分享自己在课程中的感受，更重要的是她能够毫无保留、很细致地去称赞其他的组员，小雨脸上的笑容也越来越多了。

家长工作坊时，小雨妈妈看了小雨记录的《成长日记》，有点不敢相信，她第一次发现，原来女儿心思那么细腻，看到了那么多的东西，感觉自己更加明白女儿了。工作员告诉小雨妈妈，小雨是一个善于观察、懂得总结的孩子，只要我们持续地协助她表达自己的感受，多鼓励和赞赏她，让她建立自信心，小雨肯定能更加正向地成长，而妈妈也可以利用《成长日记》，跟小雨一起回顾在课程中发生的点点滴滴，增强亲子之间的亲密关系。小雨妈妈听到这儿，笑着点了点头。

6. 解说

很多孩子都跟小雨一样生活在安静的环境中，父母是"直升机父母"，所有事情都一手包办，帮助孩子处理了一切的东西，安排好他们成长的所有需要，有时候孩子连说话的机会都没有，久而久之孩子养成了什么东西都不说，以致不善于与人沟通以及表达自己的想法。

《成长日记》是一个媒介，帮助不习惯或者不知道如何表达感受的孩子了解更多情绪的词语，明白自己正经历什么样的状况及反应。这样他们既可以在此表达自己的情绪，也可以说出自己经历了什么，从而可以让孩子们慢慢改变不重视自己想法的情况。也通过亲子之间的互动，让家长尝试多去了解孩子的需要，多从孩子的角度思考问题，从而增强亲子间的亲密关系。

## ➔欣赏贴纸⬅

1. 目的

（1）让组员养成欣赏别人的习惯。

（2）强化组员间建立的关系。

（3）协助组员反思在课程过程中的表现。

（4）培养组员观察、总结、表达的能力。

2. 内容及形式

（1）工作员拿出一枚欣赏贴纸，详细说明它的用途。

（2）每位组员轮流到工作员处领取贴纸，将贴纸送给小组中自己最欣赏的一名组员并说出原因。

（3）送出贴纸时，要对他/她说一句："我欣赏你，你好棒！"

（4）收到贴纸的组员将贴纸贴在贴纸收集表中。

（5）每次课程结束时进行统计，到整个课程结束时进行评选。

（6）每次课程，都需要安排固定的赞赏时间，培养组员欣赏他人的习惯。

3. 社工分享

（1）组员表达欣赏时，不能只说欣赏谁，而是要具体说出欣赏的原因，最好工作员能引导他们具体到某一件事情上面，或者某一个感受和动作上。

（2）在赠送欣赏贴纸时，工作员可引导组员真诚有礼地讲出原因；在回应别人的欣赏时，不能过于骄傲和害羞，要提醒组员说谢谢，双方要双手赠送/接受欣赏贴纸。

（3）刚开始的时候，工作员可以做示范，用规范的动作、言语和赞赏内容赞赏一个在课程中表现积极正向的组员。

（4）个别组员在刚开始时没有准备好，或者不懂得如何表达，工作员可以适时地协助，或者让组员先想一下，稍后再邀请该组员表达自己的赞赏。

（5）欣赏贴纸收集卡可以也设置于《成长日记》中，这样就可以与组员的成长档案一同保存下来。

4. 工作纸样板

欣赏贴纸

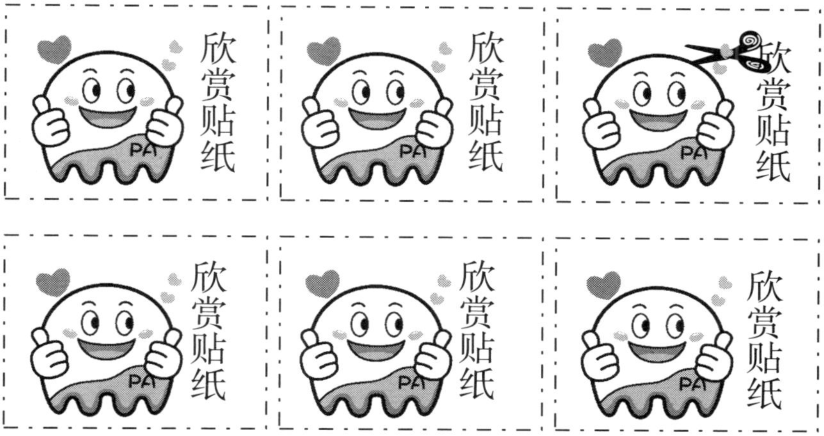


欣赏贴纸收集卡

| | | | | |
|---|---|---|---|---|
| 1 | 2 | 3 | 4 | 5 |
| 6 | 7 | 8 | 9 | 10 |
| 11 | 12 | 13 | 14 | 15 |
| 16 | 17 | 18 | 19 | 20 |
| 21 | 22 | 23 | 24 | 25 |
| 26 | 27 | 28 | 29 | 30 |

5. 案例分享

安仔是一个老师心目中的典型“难搞学生”，什么时候都争着表达自己，无时无刻不在说话，他必须将自己想到的东西都说出来，一刻也不能等待。也正是因为这个原因，班上许多同学都不喜欢他，觉得他经常扰乱课堂秩序，影响到自己的学习。也因此，班上学生的家长都很有意见，经常跟老师反映要安仔调班，不要自己的孩子与他一个班。

带着老师满满的期待，安仔来到了“抗逆小穗星”培训班。确实，安仔在课程中不断地说话，一直在争取工作员和其他组员的关注，每次工作员邀请大家分享体验活动中的收获时，安仔都按捺不住，不断介绍自己在活动中有多厉害，做了什么什么东西。在一次活动开始前，工作员特意跟安仔说："安仔，这次的小组想交给你一个任务，帮我认真观察游戏中大家都干了什么，谁是你最欣赏的人，我们在游戏的最后要你第一个分享，赠送我们的欣赏贴纸。"果不其然，在游戏的过程中，安仔都很认真地观察其他组员的行为。活动结束时，工作员马上邀请安仔做这次课程"欣赏贴纸"环节，安仔一一对每位组员都进行了赞美，并且很有礼貌地赠送了欣赏贴纸，组员们都很高兴。最后，工作员笑着感谢安仔的发言，然后拿着欣赏贴纸对安仔说："安仔，我很欣赏你，因为在这次的课程中你很好地完成了任务，能够将19名组员的优点都记了下来，并且毫无保留地赞美大家，今天的你跟平时很不一样，大家说对不对？"其他的组员都纷纷点了点头，接着工作员将欣赏贴纸送给了安仔，并说："你好棒，我很欣赏你！"安仔开心地说了声："谢谢！"

随后的课程中，安仔似乎有了改变，他争着要说的不再是自己多厉害，而是赞美其他组员在游戏中有多好，自己很欣赏他们。不知不觉中，安仔似乎跟组员们的关系好了很多，也不断得到了其他组员的欣赏。

6. 解说

随着当年独生子女政策的实施，许多家庭都只有一个孩子，家里的爷爷奶奶、外公外婆、爸爸妈妈每天都围着孩子在转，孩子慢慢被养成了"小公主""小王子"，他们习惯于"以自我为中心"，什么时候都关注着自己，有很强的自尊心，不允许别人反对自己的想法，也从来不考虑他人的感受，当遇到困难时就很难承受。

欣赏贴纸的环节，就是让孩子们多去留意其他人的优点，并且善于表达对别人的赞美，从而养成欣赏别人的习惯，慢慢地去改变以自我为中心的意识。在正向的互动交往中，可以培养孩子从他人的角度去思考问题，改善同学、朋友间的相处模式，建立起良好的友谊。孩子们在正向赞赏的环境中，也能逐渐建立良好的自信心，能够更勇敢更积极地面对成长中遇到的困难。欣赏贴纸并不是一个神化的工具，而是希望借助赞赏的力量，即使你遇到了不好的情况，你也可以表达赞赏和感谢，而非用抱怨或负面的想法使自己越陷越深，用赞赏的力量去克服和面对苦难与挑战。

## ➔ 大使任务 ←

1. 目的

（1）协助组员培养良好的行为习惯。

（2）正向激励组员的成长。

（3）提升组员关怀他人、服务社会的意识。

2. 内容及形式

（1）工作员在每次课程前，分派/抽签让组员轮流担任大使。

（2）大使任务安排：

➢ 胸卡大使：派发胸卡，要求小朋友签到。

➢ 书包大使：负责安排组员摆放好书包。

➢ 任务大使：负责收好上次小组的任务纸。

➢ 座位大使：负责让组员就座。

➢ 纪律大使：为遵守纪律做好示范。

（3）课程开始时，感谢大使的服务，鼓励其他组员向他们学习。

3. 社工分享

（1）分派或者抽签安排大使任务时，可以安排平时在小组中表现特别好的组员，也可以选择在某些环节中还需要改善的组员，以此来激励他们改变。

（2）任务结束时，工作员需要认真地对待任务大使的体验过程，使所有组员都可以得到尊重，并以完成小组活动作为正向的奖励。

（3）可以增加大使课程的环节，让大使及组员们都有清晰规范的标准，避免标准不一致而造成组员的误解。

（4）在大使任务过程中，要让组员明白当大使是服务组员的工作，要从组员的角度去了解组员的需要，而非命令或者管理小组成员。

（5）当大使在任务实行中遇到困难时，工作员可以先让大使们相互帮忙，寻找解决问题的方法，再适时提供协助。

4. 工作纸样板

**任务大使抽签纸**

| | | | | |
|---|---|---|---|---|
| 胸卡<br>大使 | 书包<br>大使 | 任务<br>大使 | 座位<br>大使 | 纪律<br>大使 |

5. 案例分享

智杰是那种“别人家的孩子”，无论是成绩还是品德都非常好，经常被老师委以重任，说到智杰这个学生，每个老师都会自豪地称赞：棒棒棒！但在“抗逆小穗星”课程的招募时却收到了家长的报名表，这让老师和工作员都很不解。通过工作员的了解，终于解开了谜团。爸爸对工作员说，智杰在家里就是“小霸王”，说什么都不听，发起脾气来还会打人，跟在学校里的情况简直是判若两人。面对老师和其他家长的称赞我只能有苦自己知。

刚进入课程的智杰，还是十分认真听话地参与到游戏当中的，但小组轻松友善的氛围，让智杰很快就显示出了在家里的状态。每次他都与组内几个组员早早地来到活动室，然后将书包随意地扔到一边，在活动室里搞破坏，当其他组员指责他们并让其收拾好书包时，他们还向组员们做鬼脸。结合任务大使的程序，工作员将这些重要任务交给了那几个早来的组员，工作员告诉智杰：“任务大使是服务大家的，希望大家优秀的行为，能够影响更多的组员都能成为大使，靠你们啦！”智杰成为其中一位“书包大使”，接到任务的智杰与以往的情况很不一样了，他一到活动室就马上将自己的书包放置到书包格内，然后将“书包大使”的名牌贴到胸前，并且开始指引大家放书包，看到不整齐的书包时主动协助摆好。其他几位组员也忙着完成自己的任务，没有再搞破坏了。

工作员告诉智杰的家长，智杰是一个很有责任感的孩子，并且很希望得到其他人的鼓励和赞扬，在家里尝试一下给他多一些的任务，让智杰也体会一下爸爸妈妈的辛苦，更重要的是多鼓励和支持智杰，告诉他在家里其实跟在学校一样地棒！

6. 解说

因为家庭和学校的环境不同，孩子们很容易就会产生不同的行为习惯，往往使家长很头疼，这时家长可以抓住孩子正向的特质并加以鼓励，让他们将学校里面的习惯延续到家里。

而在学校里面，我们常常会采用“榜样效应”，来规范和改善孩子的行为。像任务大使一样，我们通过规范行为的介绍和影响，并加以表扬，以此来告诉孩子们来到活动室受到认可的行为是怎样的，这些行为都不难，我们每一个组员都能够做到。当然，这与很多家长所说的“别人家的孩子”的对比不一样，我们期待他们通过对别人行为的观察、自己的体验，并且进行分析总结，变成自己的行为，让越来越多的孩子能够体会到变成别人榜样的成就感，得到别人认可和肯定的快乐。除此，任务大使更需要强调让组员们体会服务与贡献的快乐和重要，组员会在服务中感受到付出了劳动，收获到成长的快乐，也以这样的快乐去影响其他组员。

## “C”手势

1. 目的

（1）协助组员培养良好的行为习惯。

（2）促进组内成员间的相互影响和学习。

（3）加强成员在组内的参与程度。

2. 内容及形式

（1）在活动开始时，将“C”（careful）手势的操作方式和注意事项告诉组内所有人（组员、家长、老师），需要所有人都遵守规则。

（2）工作员用左手手指比画成字母“C”，并放在胸前，不说话。

（3）所有组员看到手势后，都不能说话，将自己的手也比画成“C”放在胸前，安静地集中注意力看着工作员。

（4）工作员可以将这一手势贯穿使用在整个课程过程中。

3. 社工分享

（1）此手势可用于工作员所说的关键语句前，引起大家的重视。

（2）课程过程中，有组员随意说话，不按组内规则而影响课程的进行时，可以用手势来提醒大家。

（3）当遇到手势发出以后，组员仍然没有集中注意力时，工作员不急于用声音提醒组员关注，而是可以安静地再等待一下。

（4）整个课程最好只有一个手势，这样更容易让组员重视和记得。

（5）在每次课程中都应该提醒组员手势的作用，或者进行实操，让组员们形成习惯。

（6）当有组员因为看到手势而安静下来时，应该正向地赞赏该组员。

4. 工作纸样板

**“C”手势示意图**

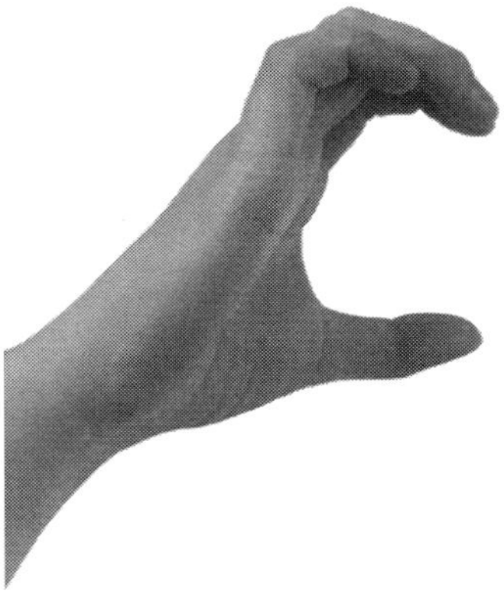

5. 案例分享

为了引起组员的重视，“抗逆小穗星”课程的工作员在亲子启动礼时，就将“C”手势告诉大家，让组员们注意，这个手势将会伴随我们一年的课程过程。

随着课程的开展，组员间的互动增强，慢慢有学员在多次小组中出现。在“飞越黄河”的游戏结束后，因为没有按照规定的时间完成挑战，组员们相互指责了。工作员希望组员回顾一下刚才游戏的情况，让组员们接着这样的体验一起来总结经验。小婕第一个发言：“刚才我们的小组输了，都是因为敏茵没有听指挥。”她很生气。敏茵听到以后伤心地哭了起来，其他组员看到这个情况纷纷加入，争吵起来，有的人说小婕这样指责别人是不对的，有的人则说除了敏茵，还有谁谁谁也是没有听指挥……看到这样的情况，工作员静静地摆出了“C”手势，等待着。一分钟过去了，一位组员看到了工作员的手势，默默摆出“C”手势，静静地看着工作员；接着，几个组员看到手势相互提醒说：“嘘！安静啦，有重要的事情说啊！”工作员微笑着点了点头：“别吵啦，看‘C’手势。”又有几个组员安静了下来。这时，工作员谢谢第一位安静下来的组员，看到手势能够第一时间安静下来，也表扬了相互提醒的几位组员，赞赏他们能够做到相互帮助，也帮助工作员维持秩序。听到这儿，全部组员都安静了下来，敏茵也擦了擦眼泪抬起头望着工作员。

工作员放下手势，接着说：“感谢大家的积极讨论，让我明白了刚才的游戏发生了什么，也感谢小婕第一个发言，表达自己的感受。不过，接下来我们可真的要说重点了，怎么刚刚没有听到欣赏别人的发言，有组员可以替我们来欣赏一下大家吗？谁先来？”

6. 解说

体态语言是除了口头语言以外的第二种表现形式，迈克·贝克特尔在《高难度对话》中曾经说过，人们沟通的信息只有7%是通过言语传递的，38%是通过我们的语气语调、55%是通过我们的身体语言来传递的。而体态语言包括了动作、手势等，对于服务而言，手势语的运用，将大大提升工作员语言的质量，强化工作员与组员间的交流效果。就如“C”手势，工作员就是通过手势语去表达此时此刻的情绪与感受，往往比言语的表达更有力量。这时，工作员可以结合身体姿势、面部表情等，更加丰富“C”手势的含义。

另一方面，沉默在辅导过程中具有强大的力量。沉默有时候代表尊重和接纳，同时沉默的技巧也给予组员充分的时间去准备和适应。工作员可以适时地发挥沉默的作用，让组员有机会去反思自己的行为，让组员之间可以有时间和空间去相互支持，这时工作员也可以用充分的时间去观察组员之间的互动，更好地为下一阶段的课程做准备。

## 小组契约

1. 目的

（1）规范组员的小组行为。

（2）让组员学习规则对于事情的重要性。

（3）学会遵守承诺，尊重别人。

（4）加强小组联系感和归属感。

2. 内容及形式

（1）工作员事前确定小组契约的主题内容，以便引导组员讨论。

（2）工作员与组员一同讨论小组契约内容，可以围绕现时小组的情况及小组的目标进行讨论。

（3）工作员可协助组员对讨论的内容进行分类、汇总。

（4）在征得全组人员同意的情况下，将契约内容写在白纸上，并邀请全组成员在契约上签名、承诺。

（5）将小组契约张贴在活动场地中显眼的位置。

3. 社工分享

（1）针对低龄的组员，工作员可以先准备好小组契约以及内容，就契约的内容引导组员进行讨论，怎样的行为才符合小组契约的要求，为什么需要这样的内容。

➢ 有责任感：我们要准时上课，有事或者生病了不能上课就要请假，这就是有责任感。

➢ 积极参与：课堂上我们会积极举手回答问题。

➢ 互相尊重：在活动中，我们经常会有一些举手发言的时间，在其他组员发言的时候，我们认真地聆听，这就是尊重别人。

➢ 不吵架，不指责：在游戏中，我们经常会遇到小组共同来完成某项任务的情况，在活动中肯定会有分歧，我们应该相互沟通寻求最好的解决问题的方法。

➢ 互相帮助：我在活动过程中，如果有组员需要我们的帮忙，我们应该勇敢地帮助他们。

➢ 学会忍耐和等待：在活动中，如果你想举手回答问题，但是轮了几位组员回答都还没有轮到你，我们也需要再等待下一次机会。

➢ 保持礼貌：我们不仅要对长辈有礼貌，我们还应该对我们的朋友有礼貌。在小组中应该多用礼貌用语。

➢ 与工作人员合作：在启动礼中，大家都能听从指挥，能够自己收好凳子，配合工作员工作，希望在以后的活动中都能继续与工作员有很好的合作。

（2）小组契约的落实，必须要经过所有小组成员的同意，才能在后期的活动中起到规范行为的作用。

（3）落实后增加组员签名的环节，有利于加深组员的责任感，以及对组内成员的承诺。

（4）工作员可以定期与组员一起重温契约内容，提醒组员行为准则。

（5）工作员可按照小组成员的情况，对契约内容进行调整，使之适合服务的推进。

4. 工作纸样板

**“抗逆小穗星”契约**

我承诺我会……

（1）有责任感

（2）积极参与

（3）互相尊重

（4）不吵架、不指责

（5）互相帮助

（6）学习忍耐和等待

（7）保持礼貌

（8）与工作人员合作

“抗逆小穗星”小组

年　月　日

5. 案例分享

平时都会早早来到活动室的家祺，今天却一直不见人。他同班的组员告诉工作员今天家祺都没有来班上上课，不知道什么情况。工作员正准备在课程前联系一下家祺的家长，了解一下他的情况，确保他的安全。这时，家祺的班主任来到了活动室，笑着跟工作员说："家祺妈妈今天打了好几个电话给我，提醒我一定要向你请假。家祺生病了，今天在家里休息，没有来上课。"工作员感谢了老师的传达，知道家祺情况后就随即开始了当天的课程。

课程结束后，工作员打通了家祺妈妈的电话，并了解家祺的情况。家祺妈妈告诉工作员："家祺发烧了，现在情况好多了。这次的生病，让我看到家祺真的长大了，特别有责任感，再三叮嘱我要告诉老师和你，真好！作为家长忙着照顾孩子，也忘记了这个事情。"工作员连声表扬家长和家祺，并让家长将电话转给了家祺接听，"家祺，知道你今天生病了，现在好点了吧？今天你的表现真好，是一个有责任感的好孩子，下次的活动一定要让你跟大家分享。"工作员高兴地说。家祺也开心："我一直都记得我们的小组契约第一条就是要有责任感，我签过名的，一定做到！"……家祺和妈妈高兴地结束了这次的通话。

6. 解说

小组契约是正面强化学生行为的重要工具，如果能够张贴在显眼的位置，并且定期警示和提醒，就可以起到巩固和加强的作用。契约的制定一般在活动开始之初，最好是活动的第一课，这样可以更好地让组员适应小组的规范，同时也能提升组员对于小组的归属感和联系感。

有很多的工作员都会使用小组契约，但往往在不注意的情况下将契约变成了学生规则，让组员们反感，从而产生对抗的心理。因而，契约内容一定要由小组成员自己提出，而非工作员强加于组员身上；制定小组契约内容时，尽量采用正向的话语，例如不采用"禁止""不要"等词语，换成"我们要"；当组员违反契约时，也可以咨询其他组员的意见，如何处理违反契约的行为，把更多的主动权和选择权放在组员的手上。

## 抗逆小百科

小贴士 1：好奇心对儿童成长的影响

在教育互动中，家长和老师普遍反映的一个问题是，孩子对于任何东西都没有兴趣，也不主动去做事情，让人感到一筹莫展。在很多儿童教育的理论中，对于儿童培养与成长，都离不开好奇心、兴趣和意志力的培养。通过不同的小工作和小互动，保护、促进、利用儿童的好奇心，可以促使儿童形成对未来的计划性、目标性和信念。

小贴士 2：巧用课堂小工具

随着社会经济的发展，我们的课堂服务和培训工作已经不单单是采用传统的教学模式了，很多新的教学方法、培训工具应运而生。而在我们的儿童教育服务中，应该更加注意小工具的使用，吸引儿童的注意力，优化培训的效果，提升服务的氛围。

# 第三章

# 独家十大抗逆力实践秘籍

正所谓实践出真知。本章辑录了10位曾参与“抗逆小穗星”小学生抗逆力培养课程的资深社工所记录的实务经验，集结了他们的实践智慧，非常珍贵。经验的分享角度十分全面而多元，从个人及家庭层面，再到校园和社区层面；视角上从学生，到家长、老师，再到社工。10篇秘籍文章，让你参透课程以外的秘密，走进“儿童抗逆力”服务的世界。

# 抗逆力视角在学校社会工作实务中的运用

陈香君[1]

风险与抗逆力视角一直是社会工作实务中重要的理论视角之一，从风险评估的角度能帮助社工理解服务对象面临的困难是什么，这些困境从何而来；而抗逆力的视角则提醒社工，面对困境，服务对象是有能力、有资源去面对的。我们需要从服务对象的资源优势出发，协助他们从困境中走出来。在这里，我从服务理念、服务设计、服务手法的角度来谈谈抗逆力在学校社会工作中的运用。

## 一、将抗逆力的理念注入服务对象心中

抗逆力（resilience）也被称为"复原力""韧性"，被视为是人类面对逆境时的一种能力、结果或者过程。也就是说，理解抗逆力可以从三个视角来看：一是指我们人类拥有的一种能力。这种能力不论你是否意识到它，它都是存在的。它是人类的本能之一，在风险危急时刻，它自然就会被激活并发挥作用。二是指抗逆力是人们面对困境，并能成功应对的一种结果。三是指抗逆力作为一种保护性力量，它伴随着人类面对困境的始终。在中文里，将抗逆力翻译成"复原力"或"韧性"皆有着生命虽坎坷、曲折，却终究能迎难而上重获生机的含义。

在科技日新月异、人类生活环境面临诸多挑战的今天，注重抗逆力的培育与运用是很有必要的。在针对儿童与青少年的服务里，社工常听到家长反馈说"我的孩子抗压力不行"，或者说"我的孩子遇到困难，很容易

---

① 陈香君，华南师范大学教师，博士，长期从事社会工作教学、研究与实务工作，领域包括青少年精神健康、儿童保护、社会救助、妇女发展、家庭治疗等。

退缩”。家长爱子心切，往往容易看到孩子身上的问题，却也常常忽略孩子身上的优点或者品质。如果家长在养育孩子的过程中，仅仅聚焦于问题，而缺乏欣赏、肯定与鼓励，那么孩子也很难知道自己身上有哪些资源或好的品质，而这些品质与资源往往构成了他们面对困难应对挑战的正面心理基础。困难与资源有时就像一枚硬币的两面，不遇到挑战，你往往不知道自己拥有的潜能有多大。

我们非常注重将抗逆力的理念注入服务对象心中。在服务开展过程中，无论是计划的品牌宣传还是服务活动的执行，我们都注重将抗逆力理念活化。比如我参与过的“抗逆小穗星”课程里，参加这一计划的孩子会有一个统一的称号“抗逆小穗星”，每一个孩子都会唱“抗逆小穗星”队歌。在服务活动中，社工有意图地在活动程序中设计挑战环节，鼓励孩子们勇敢面对。我们常鼓励孩子们：“困难不可怕，困难是正常的，我们拥有抗逆力，运用好抗逆力，困难将会迎刃而解。”在活动分享环节，会注重鼓励孩子分享在当天的活动中，自己是如何运用抗逆力来应对挑战的。一位12年前参加“抗逆小穗星”计划的服务对象告诉我，尽管成长中每一个阶段总遇到各种挑战，每到难关时，她总不忘鼓励自己做一个勇敢的挑战者，因为她是“抗逆小穗星”。改变总是潜移默化地在一个孩子心中播下一颗抗逆力的活跃种子，我们有理由相信，有一天它会生根发芽，助益孩子成长。

## 二、推动抗逆力在多个层面发挥作用

在孩子成长的过程中，风险与困难可以在多个系统或层面发生，比如孩子的个性、冲突的家庭关系、有欺凌的朋辈、学业压力、有暴力的社区环境等。与抗逆力相关的保护性因素也可能会存在于与孩子相关的各个系统。从风险与抗逆力的视角来看，社工不仅要重视评估威胁孩子健康成长的风险或困难来自哪里，也要注重评估那些有保护性功能的抗逆力因素来自哪里。一个沉默寡言、行为被动的孩子身上也会拥有坚强与勇气，一对吵架争执不断的夫妻也有关爱孩子之心，在学校里有爱欺负同学的学生，也有拥有正义感的学生。从系统论来看，来自某一系统的困难与挑战，除了系统自身修复之外，也可以运用另外一个系统的保护性因素，推动服务对象的复原。例如一个处于父母离婚冲突中的孩子，如果及时获得来自学校教师的关怀与同学的友爱陪伴，这些保护性的力量就可以缓和家庭系统所带来的冲击。从这一点来看，在服务设计上，抗逆力计划常常注重从多个介入层面展开工作。除了针对儿童、青少年自身的抗逆力训练小组之外，我们还需要注重开展家长工作坊、教师工作坊、家教工作坊、社区服务等活动，以干预与孩子成长相关的系统，有意识地培育和提升孩子成长环境中的保护性因素，发挥家长、教师、社区相关人士作为促进者的功能。

除了针对儿童、青少年个体的抗逆力培育提升计划之外，我们也可以结合实际需要，将失去功能的家庭、学校或社区作为干预对象，开展旨在提升家庭抗逆力、学校抗逆力与社区抗逆力的服务计划，提升家庭、学校、社区作为一个系统面对压力、困境与挑战的能力。

## 三、注重抗逆力视角在个案服务与小组服务中的运用

在学校社工服务中，抗逆力视角运用非常广泛。比如在个案服务中，社工可以运用抗逆力的能力视角评估学生的抗逆力水平如何。

在小组服务中，社工可以运用抗逆力量表筛选有潜在抗逆力提升需要的学生参与小组。在小组活动里，通过设计具有挑战性、任务导向性的活动，推动组员提升情绪管理、团队协作、目标订立与问题解决等方面的能力。在小组活动里，社工要注重评估组员抗逆力状态，比如组员在活动中的效能感、归属感、乐观感的表现如何；在哪些情境下，组员最容易退缩、沮丧；在哪些情境下，组员又最容易重燃信心。基于此，社工该如何运用自身以及相关的小组动力提供正面环境促进组员的成长。在诸多介入技巧中，有关"欣赏与感谢"的分享环节是尤其重要的。分享不仅使组员回顾刚才所经历事件的难忘时刻，还借由对这一重要时刻的反思探寻有意义的启示，尤其是由此发现自己内在的资源与品质，进而协助组员增进对自己抗逆力特质的理解与信心。社工在此环节需要耐心引导与亲身示范，比如，"在刚才'小马过河'的环节，我看你们落后于对方却能团结前进

直到最后一步。我非常欣赏你们的坚持、不轻易放弃!”“告诉我，你们是怎么做到的呢？”“你特别欣赏自己什么？特别要感谢自己什么?”“在这个过程中，你特别欣赏谁？又特别感谢谁?”“欣赏对方什么？感谢对方什么?”等。借由一系列有关欣赏与感谢的具体引导，协助组员发掘自己的优势与资源，也发现他人的优势与资源，引导组员看到自己与团体的力量，学习聚焦于优势，以助力自己的成长。

# 抗逆力，从“蔫皮球”到“弹弹球”的关键能力

钟宇慧[①]

2006年的一天下午，在广州市培正小学的小礼堂内，有40多名学生、家长、教师、社工及志愿者们一起参加了“抗逆小穗星”课程的启动迎新礼。我作为计划社工，站在前台给学生、教师们做演示。我说：“我们的青少年在成长过程中会遇到许许多多的困难和逆境，如果这些青少年没有很好的心理适应能力，他们就会像我手中的蔫皮球。”说完，我右手拿起一只漏了气的皮球往地上一扔。“啪!”皮球落到地上后没再滚动也没再弹起。我接着说：“但如果增强了孩子们的保护因子，帮助他们增强了承受挫折的能力、适应环境的能力，他们就会像我手中的弹弹球。”我拿起一只橙色弹弹球，用力往地上一扔，弹弹球触地反弹，蹦得很高很高。在场的教师和学生的视线也随着弹弹球不断地跳跃，我说：“面对挫折、逆境仍能很好地应对，甚至能激发更大的潜能，这种关键的能力，就是‘抗逆力’。”

这已经是十多年前发生的事情了，但那个场面至今仍然历历在目。那也是我在“抗逆小穗星”课程中的第一场活动。

第一次接触到“抗逆力”（resilience）这个词，是我2005年在中山大学读社会工作专业硕士的时候。2005年到2007年间，我有幸参与“抗逆小穗星”课程，从前期的小学遴选、本土化设计到计划的具体实施、计划的阶段性评估，我都有深度的参与。穗港两地的对比研究、一年的小学驻

① 钟宇慧，广东省团校副教授，社会工作师，近年来一直从事青少年教育、培训与研究，研究方向为青少年社会工作。

校社工实践以及持续的课题研究，让我对“抗逆力”有了更深的理解。我想，“抗逆力”就是从“蔫皮球”到“弹弹球”的关键能力，在两年的理论研究和实务中，我发现这种关键能力有着鲜明的特点。

## 一、从个体到系统

从抗逆力工作理念本身来讲，它关注的不仅仅是个体，而且是个体所在的系统，注重内外资源的整合。“抗逆小穗星”课程也遵循这一理念，考虑“系统介入”，考虑个体与环境的互动关系，而家庭、学校、社区就是培育抗逆力的重要场所。

在“抗逆小穗星”计划中，我们设计了家长工作坊、亲子活动营，目的是搭建和谐的亲子关系，为孩子提供安全、稳定的氛围。其中，我印象最深的是亲子挑战营的一次攀岩活动，家长和孩子分别挑战攀岩，家长先攀，并把希望卡放在攀上的岩石上，孩子再攀，通过努力把家长的希望卡拿到手。通过这次活动，有的家长突然看到，原来自己的孩子比自己想象的还要努力；有的家长发现，自己设定的目标过高，已经超过了孩子的能力。孩子们也感觉到，自己在攀岩的时候，父母拉着保护绳为自己做安全保障；自己快要放弃的时候，父母的指导和鼓励很有帮助。通过这样一项项的体验活动，父母和孩子加强了沟通，看到了彼此的长处，亲子之间的关系更为融洽。

我们有教师工作坊，能增加教师在培育学生抗逆力方面的知识和技能，给予教师更多的支持。

我们通过连续的小组辅导和团队活动，能让学生学会欣赏自己和欣赏组员，学会社交技巧，建立和谐的人际关系。

我们有社区参与活动，能提供机会让学生参与学校所在社区的志愿服务，为社区建设贡献一份力量。

这样，在抗逆力培养方面，家庭—学校—社区三方互动的介入系统就建构起来了。

## 二、从消极到积极

以往的辅导，家长或老师往往从问题视角来看待孩子，像厌学、成绩差、不听话、叛逆等标签话语时常能听到，辅导的重点则放在消除问题上面。而抗逆力视角则是一种"优势视角"，关注的是促成个体改变的有利因素，比如人的品质、美德、天赋、人际资源、社区资源等。所以，同样面临成长挑战，挖掘青少年的"优势"，使之成为其成长过程中的保护因素，在逆境和危机中激活生命潜能，是抗逆力辅导的关键。

在"抗逆小穗星"计划中，不管是小组辅导还是亲子活动，贯穿全过程的，到处都能见到"赞美""欣赏""长处""鼓励"等正向因子。比如，在学生遴选阶段，我们用了一套识别工具，遴选出我们认为有较大成长需要的学生，在执行计划时特别注意去除标签：加入"抗逆小穗星"计划的学生，不是因为有成长问题，而是为了获得更好的成长。

再比如，在找红宝石绿宝石的活动中，我们让学生们体验到，宝石就像每个人的闪光点和强处，有的红宝石很耀眼，一眼就能看到，而散落在草丛中的绿宝石，却不那么容易被发现，要仔细挖掘、认真找寻。再普通的学生，也能找到属于他的宝石。

## 三、从认知到行动

在学术界，虽然对抗逆力的定义还没有完全一致的论述，但已有了一些基本的共识：抗逆力是人类天生的一种潜能，是面对危机或困难处境时的适应，是内在的改变以及自我校正及复原的一股动力。在"抗逆小穗星"计划中，我们借鉴了香港"成长的天空计划（小学）"的基本理念，把抗逆力的核心元素归结为：效能感、归属感和乐观感。而认知的改变，需要一系列的行动、实践来实现。因此，我们主要运用的就是社会工作的小组形式。

不同于运用教导、灌输、说理的方式，抗逆力的小组辅导以抗逆力的理念为指导，以发展、循序渐进为方针，不断培养学生抗逆的态度和能力。在小组活动中，通过设置场景和情境，教授学生生活、合作方式、沟通、冲突解决、拒绝和肯定、决策、情绪管理、自我减压等能力和技巧。

“夹夹子”是学生们很喜欢玩的游戏。5种颜色的衣夹分别代表不同的意义，红色代表合作、蓝色代表投入、绿色代表乐于助人、黄色代表主动分享、橙色代表遵守规则。我们要求学生把衣夹送给5位他们欣赏的组员，把夹子夹在组员身上，并向组员说出一句欣赏的话：“我欣赏你……所以我送这个衣夹给你。”发现优点、肯定优点、表达欣赏，一次一次的练习，一些原本很内向、不善表达的学生，也开始走出自己的安适区，与他人建立关系，并学会赞赏他人。

所以，通过持续的小组活动，组员有机会向同伴学习，接受同伴的鼓励和赞赏。小组同时还提供了行为的模范、行为演练的角色扮演和正向行为的反馈等环节。

## 四、从西方到东方

抗逆力概念起源于西方，我国香港地区借鉴西方的经验，结合当地的社会经济状况，成功推出了抗逆力辅导举措。我们在内地推行抗逆力辅导工作，也在经历从西方到东方的视野转变，把更多的中国特色文化放到抗逆力研究视野当中。

活动的主题曲《生命有价》就很有地域特色：“愿你知生命实在亦是有些意外，不用彷徨迷途只需谨记，它有无穷色彩，它有无尽的爱，愿凭着自信跨过障碍赛。”这样一首粤语歌曲，配上动作，变成一首带动歌曲，每次活动结束，鼓励组员跟着音乐一起唱、一起做动作，最后带领组员喊出口号，不断地强化对抗逆力的认知。

中国传统的文化观念，如“有志者事竟成”“只要功夫深，铁杵磨成针”等在中国内地青少年中仍被广泛认同。除了作为一种能力和支援关系的培育，抗逆力的培育也应该在价值观念层面上下功夫。信念、信仰及正面的中国传统文化、红色革命文化等也是青少年的重要保护因素，这些传统的文化观念可以被视为“抗逆文化观”，对青少年的抗逆力培养起着重要的作用。因此，人生信念、意志品质的培养，生命教育、爱国主义教育、理想教育、革命精神传承等的培养，都可视为抗逆力文化观的培育，应纳入抗逆力辅导中去。军训、学农、研学等特殊体验活动都可以更好地与抗逆力辅导工作相结合。

成长道路上的困难和逆境不会少，但是可以更好地装备自己，让自己充满动力和弹性，愿大家都拥有这种关键能力——抗逆力。我想，每个人都希望自己是弹弹球，摔得越狠，弹得就越高。

# 抗逆力，儿童健康成长的必要装备

余婉雯[①]

2006年到2008年，我持续参与了“抗逆小穗星”服务计划。犹记得当年这个计划是内地抗逆力服务的先导计划，公众对于“抗逆力”并不了解，有家长和教师半开玩笑半认真地说，孩子已经很叛逆了，参加抗逆力辅导，孩子岂不是变得更加叛逆？

“抗逆力”是什么？儿童为什么需要抗逆力辅导服务？参与计划以后，我的答案越来越清晰，越来越认同儿童接受这个服务的必要性。

## 一、成长路上充满未知，只有不确定是确定的

人的成长，其实是不断走出原来的安适区，适应新的挑战的过程。一开始，新生婴儿从母体分娩出来，就需要剪断连接母体的脐带，迎接作为一个独立个体生存的挑战。在成长的过程中，幼儿会持续迎接更多的未知和挑战，例如，从单纯依赖母乳到添加辅食再到食用普通食物，从家人的全天候照顾到进入幼儿园再到进入学校。每一次走出安适区，幼儿都需要花费时间去不断探索、不断适应，一旦完成挑战，就意味着幼儿实现了一次成长。

随着阅历的增加，我们明白整个经济社会是持续发展的，尤其是近年来互联网技术和人工智能科技的发展，给生活和工作带来更加强大的冲击。原来我们使用现金和信用卡交易，现在更多的是电子支付；原来各个

---

① 余婉雯，启创社会工作服务中心长者服务总主任，社会工作师，中级养老护理员，从事社会服务12年，主要实务及研究方向：青少年抗逆力、长青跨代共融服务，专长领域：长者居家友善服务、认知障碍症社区支援服务、长者金融教育服务等。

行业各自发展，现在是借助平台各个行业寻求共赢发展。未来，我们的经济和社会有怎样的变化，我们是未知的，唯一确定的是发展将会持续，我们需要应对的挑战只会多不会少。

## 二、抗逆力不神秘，日常生活化情境是最佳培育途径

人的一生都在面对未知的挑战，抗逆力当然也是一生都在持续发展的，不过，如果能够在儿童时期就注重抗逆力培育，效果会更佳。抗逆力培育，固然可以通过辅导服务进行，但是，更好的途径是在日常生活化的环境中进行训练和学习。

当儿童遇到逆境或者挑战的时候，作为父母或者老师不需要着急，不妨让孩子掌握应对的基本原则，然后放手让孩子自行寻求方法去处理。作为抗逆力服务的主带社工，让我印象最深刻的是一个20个组员的辅导小组活动，当时，有一个环节是所有组员围成一个圆圈而站，每个组员面前有一张椅子作为“城堡”，圆圈中间的地面上放了一批“宝石”，游戏规则是每个组员都可以到圆圈中间抢“宝石”带回自己的“城堡”，但是一旦没有做出守护“城堡”的动作，其他组员就可以抢“城堡”里面的“宝石”。到了游戏结束的时间，满足两个条件将会有奖品：第一，所有组员都是开心的，第二，抢到最多“宝石”的组员获得奖品。在游戏的过程中，我们观察到，开始的时候，组员们会独自到圆圈中间拿“宝石”，但一个不留神，自己“城堡”里的“宝石”就会被抢走，于是组员表现出不同的情绪，有人愤怒，有人委屈，有人焦躁。慢慢地，有组员开始商量一起分工合作，然后参与商量的组员越来越多。到最后，所有组员达成共识找到解决问题的方法，每个组员都到圆圈中间拿取相同数量的“宝石”，没有互相抢夺。由于大家的“宝石”数量相同，因此奖品由大家共享。这是一个很简单的游戏，游戏过程中，主带社工最重要的工作是订立游戏规则，然后放手让组员去“玩”。组员从中慢慢学习体察自己的情绪，同理他人的感受，学习与他人沟通、合作，寻找解决问题的方法。这份体验会在组员心中内化，让他们在日后应对生活挑战的时候，也懂得用同样的思路寻求解决问题的方法。

## 三、提升抗逆力，转化逆境，让生命力更强

我曾经看到一段很有意思的文字，“最顶尖的学霸可能为了保住名次而专注于应试，知识面窄；尖子生为了追求好成绩，把所有时间用来学习，甚少参加课余活动，考试能得高分数但综合能力却未必最强。一直处于名次顶端的孩子可能受名利拖累，赢得了却输不起，抗挫能力未必强。而恰恰知识面、综合能力和抗挫能力是将来在社会上打拼最需要的。”这里的抗挫能力，其实就是抗逆力。基于此，树立培养儿童抗逆力的意识，制定精要的规则，放手让儿童在生活化的情境中培育抗逆力，协助儿童转化逆境，让生命力更强，这就是父母和教师送给儿童最好的成长礼物！

# 抗逆同行，一路有你

黄结笑[①]

“抗逆小穗星”计划是一套包括学生小组、家长工作坊、亲子活动、社会体验在内的系列服务课程，目的是帮助孩子增加抗逆知识，提升自信心，建立积极信念和态度，增强应对逆境的能力。每次参与这个课程，社工们都很激动，由衷感叹这个计划对学生以及家长改变之大。作为曾经推进这个计划的社工，我也深表认同。我非常喜欢这个计划的原因是，这个计划深信孩子成长除了需要促进个人变化外，还需要关注孩子正向成长环境的建立，尤其是家长、教师对孩子成长无条件的关心、鼓励、合理高期望及提供有意义的参与机会，对促进儿童的抗逆能力提升有十分重要的影响，所以在这个计划中，我们十分关注邀请家长、教师共同参与，以此为孩子成长撑起一片广阔的天空。

记得每次跟新一届家长介绍这个课程，邀请家长参与时，家长都有一些迟疑：“本来希望交给学校、社工的工作，怎么又拉回到家长身上？”“工作繁忙不能参与。”“我不知道怎么参与。”而家长们一旦开始参加家长工作坊、家庭成长营，他们都很惊讶自己的参与给孩子带来的神奇变化，逐渐便成为本计划的忠实粉丝，有些甚至积极主动成为计划宣传使者，向新一届家长、教师分享心得。正如一些家长的分享：“谢谢社工，让我们家长可以一起成长。”“这个计划，多了一个家长学习教育的平台。”“有时不是孩子做不到你的要求，而是我们自己没能完全表达自己的意思。”“我

---

① 黄结笑，广州市启创社会工作服务中心妇女儿童服务主任，社会工作师，从事社会服务 11 年，拥有多元的社区社会服务和管理经验，包括社区发展、妇女儿童保护及发展、婚姻辅导、家事调解、项目管理及运营经验等。

们对孩子说话也是需要用他们的语言的。”

下面，我将从三点分享“抗逆小穗星”计划在家庭、社区层面促进孩子成长，给孩子带来的变化：

## 一、从支持关系开启管教第一步

本计划以怎样与孩子沟通、管教、建立支持关系等为主题举办了家长系列工作坊，协助父母了解有效沟通的重要性和掌握沟通互动的技巧，并且通过阅读孩子成长记录册、活动剪片，让父母有更多机会掌握孩子的需要。本计划穿插亲子成长营，增加亲子共同经历外界新事物的机会，增添互动乐趣。所以每次社工跟进家长工作坊时，都发现家长们十分兴奋，他们因为有共同参与的机会，有实际发生的生活故事，因而都积极参与讨论，每次都不愿意结束，工作坊往往超出原计划的90分钟才结束。

“我的孩子情绪波动很大，一有小事就哭泣，怎么办好?”在筛选成员时，超过一半的家长都会问到这个问题。计划除了让家长掌握管教方式和技巧外，还通过共同学习正向情绪对儿童教育的重要性，提醒家长避免将焦虑通过日常的互动无形地传递给孩子。在工作坊中，通过团体合作游戏，家长们切实体验到沟通的重要性，并学习与孩子沟通的方式，学习情绪ABC。每次参加完亲子活动，家长们均感受到跟孩子更亲近了。

## 二、合理高期望，促进亲密关系建立

在参与计划初期，经常看到家长很焦虑孩子的学习情况，相互对比，经常会问“为什么我的孩子做不到?”“我的孩子为什么不可以?”这类想法源自父母对孩子的不适当期望。每个家长都希望孩子可以开心成长，同时可以具备学习发展的能力。要平衡对孩子“松与紧”的成长要求，往往是家长感受最难，也是最具考验的一道难题。在计划中，也有很多家长分享：“在面对学校考试、应对评比时，难免会让我们家长产生紧张的情绪，总希望通过努力，促进孩子有更大进步。”也有大量由此产生的亲子矛盾案例，最近家长在网上分享“远教近攻”帖被火热点赞，就是很多家长一肚子苦水的“流露”。

而本计划中的合理的高期望课程，就是引导家长学习如何帮助孩子设立合理高目标：主动细致观察孩子的特点，为孩子成长设立适当的目标。在这个过程中，我们强调孩子和家长的共同参与，允许尝试，允许犯错，允许修改，让孩子感受被支持，感受被信任，增强孩子自主参与动力，通过目标不断细化，可以使达到目标的过程更加容易，并在过程中收获同心协力的亲子关系。

## 三、有意义的参与机会，促进共同成长

本计划中，还不定期穿插一些社区亲子志愿者服务的体验，每次体验从关爱社区困难群体或者解决社区问题入手。通过家长陪同、支持、示范，让孩子有更多机会尝试服务他人。在服务中，实践沟通合作技巧，处理挫败情绪，调整团队及个人的目标。同时在服务中强调亲子间互相欣赏、鼓励及彼此照顾，促进相互支持，共同应对困难。还记得每次亲子尝试社区义卖，学习在拒绝后相互鼓励，重新调整推介的方法；为长者凑得新年心愿的善款时的拥抱、兴奋、相互欣赏……在尝试中，孩子的抗逆能力得到增强。

回顾计划，从设计到操作实验再到推行，已走过了十余年，每次执行这个系统的计划时，我们都会发现社工特别容易深深爱上这个计划，这个深爱来自家长和孩子，是他们的改变，给了社工巨大的鼓励和信心。常常听到参加完课程的家长分享“为什么这个计划只有一年，如果四年级、五年级、六年级都有就好了”。这些反馈让我感受到这个计划的意义，在此十分感谢过去那么多年参与计划的学校及其校长、教师的大力支持，他们的前瞻思考，给了我们成功推行计划的空间，让孩子和家长有一个很重要的成长机会，他们的反馈也让我们看到这个计划的重要意义。期待未来这个计划可以得到更多的支持，可以在更多的学校推广！

# 教师社工携手共建校园抗逆文化氛围

陈敏仪[①]

对于读小学的孩子，除了家长之外，教师是孩子接触最多的人，因此，要提升孩子的抗逆力，除了家长参与之外，教师的配合起着举足轻重的作用。

在“抗逆小穗星”计划里，社工要进入学校，提供一系列的学生小组、家长工作坊及其他活动等。但是，只有社工一方在用力是不够的，毕竟社工每周可能只会见学生半天的时间，而教师是天天与孩子相处的重要人物。如果有教师们与社工携手参与孩子的抗逆力提升工作，在整个校园形成抗逆文化氛围，就能起到事半功倍的作用。

社工在学校里开展“抗逆小穗星”计划，教师要参与其中，必然会增加其原有的工作量。如果教师不能明白这个计划的目标意义以及对孩子成长的作用，教师本身就不会积极参与其中，同时也会影响班上的孩子参与。那么，社工需要做哪些工作才能获得教师对计划的大力支持呢？在此，有以下要点与大家一起分享：

## 一、获得学校领导的认可和支持是计划顺利开展的重要基础

要在学校里推行这个计划，学校领导的支持是非常重要的，因为学校领导担任着“掌舵者”的角色，校领导能较宏观和全面地把握学校和了解学校的各项情况。虽然我们的计划是一个校外支援计划，但是在社工作为

---

① 陈敏仪，启创社会工作服务中心服务总主任，社会工作师，从事社会服务 15 年，具有多元化的社会服务经验和管理经验，包括学校社工、青少年服务、家庭辅导、社区工作、资源拓展、NGO 管理及运营经验等。

第三方介入学校系统的背景下，只有与领导"搞好关系"，才能真正融入学校，深入学校内部。与学校领导沟通时，需要从学校的角度出发，让学校领导明白这个计划能够配合他们学校的德育工作，是能帮助孩子提升抗逆力，协助孩子的健康成长的。

当计划获得校领导的支持时，就能获得在学校推行计划的资源及便利，如场室协调、教师的配合、时间的安排等。能让社工针对全校的教师提供一次教师工作坊，是校领导支持该计划的重要体现。通过这次教师工作坊，可以让教师认识抗逆力的理念，提升对抗逆力信念的认同，强化对"抗逆小穗星"计划推行的配合意识，加强全校抗逆文化的建设。

## 二、社工与教师建立信任的合作关系是计划取得成效的原动力

教师是对学生实际情况最了解的群体，社工希望与教师之间是合作的关系；教师对学生的行动最有决定权，社工希望各位教师都支持学生参与到这个计划里面；教师对学生的转变最有发言权，社工希望教师能协助评估学生的转变与计划成效。

为了达到以上三个目标，在计划执行之前，社工便需要提前找到学生所在班级的班主任逐个讲解计划的理念，由于"抗逆小穗星"计划参与的学生是从同一个年级的各个班级里甄选出来的，不同班主任的时间安排是不一样的。社工需要提前了解每位教师的空闲时间，逐个约谈，逐个讲解，逐个击破。务求先让教师明白这个计划是要提升学生的"社交技巧""问题解决能力""情绪管理能力"等，他们的配合能使更多学生及其家庭，在成长的路上遇到困难时能发挥自我潜能，成为一个勇敢、进取的快乐人。

## 三、社工与教师的持续交流沟通是计划发展的续航力

让教师们了解计划的目标理念只是第一步，更关键的是在计划执行过程中，需要社工全面地同教师分享计划的进程、学生在小组中的表现及变化，与教师共同探讨在各自的层面可以如何协助学生巩固这些正向的改变。

另外，社工也要把握每次与教师交流的机会，与其分享一些提升学生抗逆力的理念与技巧，包括“欣赏学生的独特性，不与其他人做无谓比较”“鼓励学生独立，不要太过依赖父母及教师”“着重学生的强项，设立高而合理的期望”“给予学生贡献自己的机会，提供机会给他们做重要的决定及多加赞赏”“用语言和行动表达对学生的爱”“继续以身作则教导学生自律，身教比言教更有效”等。每次的分享都会使教师更进一步了解抗逆力的内涵，当教师们尝试在日常教学工作中运用这些理念和技巧时，他们发现了一些明显的变化：“班级的凝聚力增强了”“平时在班里不敢说话的学生开始敢于举手发言了”“当学生之间出现意见不一致的时候他们懂得用一些方法来解决”“班级里的嘈杂声少了，欢笑声多了”“教师自己本身的情绪也好了，发火的次数少了”……

所以说，这个计划如果有学校和教师足够的投入和支持，学生抗逆力的提升效果是非常明显的。另外，对于学校和教师本身，这也是一种新的教育理念的融合，有利于班级管理，也有利于教师自身的成长。让我们全体教师、社工共同携手，共建校园文化氛围，促进孩子的健康成长！

# 爱青少年，就从优势视角开始

陈丽东[①]

刚开始带领“抗逆小穗星”课程时，我是一个初出茅庐的实习社工，虽然我能根据大学4年所掌握的社工专业知识去开展服务，但我感觉一点也不轻松。最让我感到困扰的是，我带领的学生小组中有一个由3个“调皮捣蛋”的男生组成的“次”小组：小A、小B和小C，小A是这个小组的小领袖。他们总是有很多“行为问题”，我经常不得不中断小组过程处理他们的问题，他们的行为表现让我感到很困惑：为什么不能安静下来？为什么总是不按照游戏规则来做？为什么总是有那么多“奇怪”的动作出现？

## 一、问题视角：让我与组员之间产生距离感

为了让小组能顺利开展和完成任务，一旦这三人小组的“行为问题”出现，我会直接在小组中把问题“点”出来，向他们说清楚他们的问题出在哪里，应该怎样做才算是规范的，告知他们行为的不良影响。每节小组带领过程中，不乏3次这样的提醒，然而，这3个“小坏蛋”的行为不但没有改善，反而会有更多奇怪的动作，并成功吸引了其他组员的目光，我的介入没有丝毫作用。

于是，我开始重新审视自己的带组技巧及表达方式，我发现我做的工作就像一个“医生”，以“问题导向”的方式介入服务：发现问题—评估

① 陈丽东，曾任广州市启创社会工作服务中心海珠区青年地带学校部主任，社会工作师，从事社会服务7年，具有青少年社会工作服务经验和管理经验，擅长学校社会工作和社区青少年服务。

问题—寻找引起问题的原因—作出分析及评估—提出建议或改善方案。整个过程中，我的角色就是专家，我让他们3个受控于我的约束，我们之间产生了距离感。介入的过程中，我不断强化了3位组员的“行为问题”，期望促使他们认识自己的“行为问题”后去改变，然而这不是治本的方法，当他们的一种行为问题消失时，其他行为问题又出现了，而且“问题”越来越多，到最后我的感觉是：这些学生真是太糟糕了！

我的组员是富有潜力、有活力的一群青少年，社工工作职责更需要为服务对象去标签化，然而我却一直标签我的组员。后来，我意识到是我的介入不当才让他们的“问题”继续存在：将他们3个人的多讲话、多做奇怪的动作、不按规则游戏作为问题去看待，却鲜有去思考他们本身的能力和资源，我觉得我需要改变。

## 二、优势视角：让青少年感受到我对他们的爱和接纳

我尝试用优势视角去分析挖掘3位小组员“行为问题”背后的潜能：他们喜欢说话，其实缘于他们对小组内容有很多想法，很想发表；他们不按照游戏规则走，其实是想游戏更加好玩，有挑战性和娱乐性，收获胜利的喜悦；他们喜欢做一些怪异的行为，其实是想获得别人的认同和赞赏，引起组员的关注。虽然这些行为不一定是正确的或合适的，但是却能让他们享受乐趣，显示他们的能力及获得组员关注。此外，我也用优势视角去审视这3个孩子的行为：“爱说话”——其实可以鼓励他们在组中多发言，为小组提供积极的建议；“不按游戏规则”——其实可以鼓励他们创新游戏规则及目标；“奇怪动作”——有时能成功吸引组员的关注和支持，为小组带来欢乐，可以鼓励他们组织组员们一起做小组代表动作，凝聚小组力量。

在第三节小组中，小组员们需要完成“飞越黄河”的体验。需要组员学习聆听他人的想法，积极发表自己的建议，团队互相合作，努力坚持才能完成。在这次带领过程中，我尝试鼓励这3位小组员建言献策，并不断说明游戏不容易完成，很有挑战性，需要他们3个“帮手”。小A成功地被我吸引，认真地听我讲解游戏规则，然后向其他小组员分享如何获得胜

利的想法。在讨论过程中，小 A 不仅引导组员们去思考如何完成体验程序，还主动争取作为第一个跨越“黄河”的人。为了让组员们信任自己，还领导小 B 和小 C 做示范，虽然过程中一些故意“掉河”的动作比较夸张，但是却成功吸引了组员们的关注。而游戏开始后，小 B 和小 C 也很配合小 A 的“指令”，与其他小组员团结合作。最后小 A 成功地领导小组完成了“飞越黄河”的挑战。

在分享环节，我先表扬了这 3 位小组员的表现，让全组组员都鼓掌。接着，开始鼓励他们 3 个分享自己今天的活动表现和想法。小 A 在分享过程中不仅提到自己的作用，也感谢了组员们的配合，而且提出了对游戏的改善建议。我即时给小 A 一粒星星表示肯定，同时还表扬了他团结组员、积极思考的行为。另外，我也鼓励其他组员拿手中的“欣赏金币”送给最想感谢的人。这节小组中，小 A、小 B 和小 C 是获得最多欣赏金币的组员，组员们也对他们有了新的认识：他们 3 个不是问题组员，他们身上也有很多值得欣赏的地方。

经过这一节小组活动，我认为学会欣赏、学会使用优势视角发掘青少年的优点，加上正向的鼓励和赞扬，确实胜过千言万语。从那以后，这 3 个小组员与我的关系更加亲密，期望获得我的认同，所以努力遵守小组契约；期望获得组员的认同，所以努力为小组服务。直到现在，我也坚持用优势视角去看待青少年，无论他们是有行为问题还是有情绪问题，他们自身内在的资源和外部环境总会有“闪光”的地方等着我们去发现，一旦发掘出来，就是他们改变的开始。

爱青少年，就要相信他们的价值和潜能。多一些鼓励，坚定不移地支持，就是我们对青少年爱的表现。我相信他们能感受到我们的爱，并在这爱中茁壮成长！

# 每个孩子都值得被“个别对待”

孙晓寒[①]

笔者曾在广东省一所小学的3年级开展“抗逆小穗星”小学生抗逆力培养课程，这个课程的目的主要是：从儿童个人、家庭以及学校三个层面介入，帮助儿童提升表达能力、问题解决能力，进而增强他们的自信心；帮助儿童提升团队合作能力、沟通能力，帮助他们更好地融入班集体；引导家长更多地关注儿童成长，用正向的视角看待孩子的行为；与学校联动，由教师协助儿童将所学内容进行实践，为儿童创造包容、肯定的校园氛围。

在这里，笔者想向大家分享，如何引导家长更多地关注儿童成长，用正向视角看待孩子的行为。

## 一、明白孩子的独特之处，根据孩子的情况选择合适的沟通方式

“抗逆小穗星”家长工作坊中有一个体验游戏是“撕纸”，社工给每位家长发一张A5纸，要求家长闭上眼睛，听社工指令，以自己对指令的理解进行折纸与撕纸。这个指令是将纸对折一次，撕掉右上角；然后再对折一次，撕掉左下角和右上角；然后再对折，撕掉左上角，打开纸。这个过程中，家长们安静地闭上眼睛，按照社工的指令撕纸。睁开眼睛后，家长们惊讶地发现，虽然大家听到的指令是相同的，但是大家撕出来的纸形状各异。有的家长疑惑地笑着说：“为什么我的中间有个洞，其他人都

① 孙晓寒，广州市中大社工服务中心北京街社工站项目总监，社会工作师，从事社会服务9年，具有丰富的社会服务经验和管理经验，包括正面管教、家庭辅导、就业服务、家庭暴力服务及项目运营经验等。

没有?"

笔者在这里提出每个家长心底的疑问："为什么大家听同一句指令，做出来的行动却不相同?"家长们纷纷表达自己的看法："每个人撕纸的方式不同""大家的理解也不同。"

在"撕纸"游戏里，我们会发现同一个指令可能会出现不同的行动。同样道理，在亲子教育里，同样的指令，不同的孩子可能会出现不同的反应，这是因为每个孩子都是独特的个体。虽然他们有着相似的身高，但是他们有着不同的衣着喜好；虽然他们都喜欢"TFBOYS"，但是有的喜欢王俊凯，有的喜欢王源；虽然相对异性，他们更喜欢和同性朋友玩，但是有的时候他们也不会拒绝与他们觉得优秀的异性同学合作。在亲子沟通里，明白每个孩子有独特之处尤为重要，家长需要根据自己孩子的情况选择合适的沟通方式。

## 二、每个孩子都是独特的个体，都值得被"个别对待"

"抗逆小穗星"家长工作坊中还有一个体验游戏是：给情绪涂颜色。笔者给每位家长发一张情绪面谱工作纸，家长们根据自己的感受和理解，给各情绪面谱涂上颜色。有的家长给生气的情绪涂上红色，而有的家长给这个情绪涂上黑色。大家发现，不同的人给同一种情绪所涂的颜色是不同的，即不同的人对于情绪的感受是不同的。笔者将孩子同样地涂过颜色的情绪面谱发给家长，让家长对二者进行对比，家长们发现原来自己和孩子的差异很大，只有一两个是相同的，甚至一个也没有。原来家长与孩子对情绪的感受和理解很不一样。

在"给情绪涂颜色"游戏里，同一个情绪，家长和孩子涂上的颜色是不同的，这是因为家长和孩子在情绪的表达和认识上有差别，因此在处理孩子的情绪问题上，家长需要根据孩子的情况选择合适的办法。

家长们可能会疑惑，怎样的沟通方式才适合自己的孩子呢？这个没有标准答案，甚至没有答案！如果家长总将自己的孩子跟其他孩子比较，孩子总是输给"邻居家的好孩子"，那么孩子只会越来越消极，甚至觉得自己在家长的眼里是"一文不值"的，不难想象，这样的亲子关系只会越来越疏离。

每个孩子的成长道路不同，成长只能纵向比较，即自己跟自己比较，今天的自己与昨天的自己是否有了不同？昨天没做好的事情，今天是否慢慢做好了？若家长们愿意多陪伴孩子，用心感受孩子的内心想法，用正向视角看待孩子的每一个行为，给予孩子鼓励、肯定、表扬，那么在与孩子相处的过程中，家长就会找到孩子的独特之处，找到属于自己的独特沟通方式。

每个孩子都是独特的个体，都值得被“个别对待”，希望每一位家长都能真正理解这句话。

# 体验式学习法，让不可能变成可能

刘玉珊[①]

“抗逆小穗星”小学生抗逆力培养课程是通过帮助孩子提升自信心、管理自己的情绪、设立恰当和合理的目标、掌握与他人合作的方法和技巧等，从而增强儿童青少年的抗逆能力的服务。这是我们向学校和家庭宣传招募成员时，在宣传单上写下的内容，想让孩子提升以上能力的教师或者家长，都可以推荐和报名参与。每每看到这张宣传单，都会有教师或者家长发出疑问：这孩子我培养了那么久都不行，你们的10节课程就可以改变吗？真有这么厉害？因而，也有很多的教师或家长是抱着试一试的心态来报名的；到了最后，教师和家长们总会满怀激动地告诉社工：孩子变了，变得主动了，变得愿意表达自己了，变得与别人友好合作了，你们用的是什么方法啊？

是的，那是个不可思议的方法，我作为曾经的主带社工有幸经历了整个奇妙的过程，见证了孩子们的成长与改变，下面让我带领大家重温一遍体验式学习法，看一看这些“不可能”是如何变成“可能”的。

体验式学习法是整个抗逆力培养课程最为核心的方法，我们在每一节课程的编排上都遵循了：具体体验—观察反思—抽象概念化—主动检验4个阶段，使孩子、家长、教师参与到活动当中，通过直接的课程体验，提升孩子们的效能感和联系感。社工通过引导孩子观察反思，把课程习得的经验进行总结，并且运用到日常的生活和学习中，变成自身所具备的能力。

---

① 刘玉珊，启创社会工作服务中心青少年服务总主任，社会工作师，从事青少年社会工作10年，在前线服务、项目运营管理、服务总结等方面有丰富的经验，主要实务及研究方向：青少年社会工作、学校社会工作、社区青少年服务、生涯规划服务、抗逆力服务。

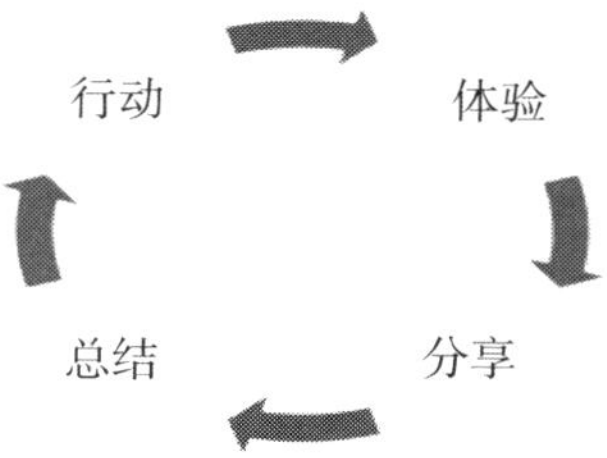


**体验式学习法四步骤**

## 一、寓教于乐的体验，让孩子成为课堂的主角

与传统的课堂不同，“抗逆小穗星”课程以“乐”作为每一节课程里面最为重要的目标，社工将需要学习的内容和知识放在游戏中，激发孩子们的潜能，在游戏中找到解决问题的方法，从而让孩子们从传统的被动学习，变成主动掌握知识。我们不特别强调孩子们要专心听讲、记录笔记，而是强调积极主动地参与，用心分享。社工所做的不是单方面地制造乐趣，而是让孩子们主动体会到乐趣。

所以不难发现，为什么有很多在班级课堂上缺乏自信，不积极发言，只是认真听讲的孩子，在参加了“抗逆小穗星”课程以后会变得愿意分享，积极提问了。原因很简单，他们在学习中变得主动了，他们在学习中体会到了主动的乐趣，并且在“抗逆小穗星”课程中养成了习惯，在乐趣中寻找解决问题的方法，用心分享自己的收获。很自然地，教师和家长会发现孩子在改变，变得更像那个父母心中的“邻家孩子”。

## 二、虚实结合的学习，使孩子将情景和现实环境联系起来

“抗逆小穗星”课程是为孩子们提供一个情景模拟的环境，而这种环境不是靠社工凭空想象出来的，而是根据孩子们生活或学习上经常会遇到的情况，进行情景再现。在情景中，让孩子们进行一些情景和对话的演练，使孩子们从外在环境和内在的心境都感到自己正处于生活空间中，并且得到反复的练习，用学习的内容在情景中解决问题，从中获得更为深刻的体验。如我们针对孩子发脾气的问题，会在游戏中教授孩子们正确看待生气以及处理发脾气的方法，并且提供很多很多的生活和学习的情境，让

孩子们自己选择最适合自己的处理脾气的方法；或者用一些小例子，让孩子们群策群力，一起帮助故事中的主人翁解决困难，最后联系自己的实际生活，分享自己得到了什么样的启发。

通过反复的练习和实际情境的模拟，使孩子们都能够掌握处理问题的方法。而具体在生活和学习中，原来孩子们遇到一些不如意的事情，就会冲着爸爸妈妈发脾气或是大哭大叫，还有在学校里面打同学的，现在他们慢慢懂得自我控制，谨记口诀“停一停、想一想、做一做”，用合适的方法表达自己的生气、不开心，从前的“小霸王”变成了善解人意的贴心“小棉袄”。

## 三、学以致用的行动，让“不可能”孩子得到真正改变

如何让孩子们将在课堂学到的东西，用到真实的生活和学习中，并且能够得到持续的效果，这已经成为很多教育界人士面临的难题。体验式学习法恰恰解决了这一难题，将很多“不可能”的孩子变得可能。“抗逆小穗星”课程讲求一个循序渐进的过程，经过反复的学习－体验的过程，尽可能提供一个类现实的环境，并且结合教师和家长的协助，让孩子不管是在“抗逆小穗星”课堂、学校中，还是在家里，都能够练习、巩固成果。

“抗逆小穗星”计划除了10节课程以外，还有家里的任务让家长和孩子一起完成。同时，课程还提供家长工作坊及教师工作坊，让教师和家长都了解孩子在课程中的情况，并且通过学校和家庭的配合巩固孩子在课程中的成长，也通过教师和家长教育方法的改变，让孩子能一步一步地改变。

没有不可能改变的孩子，我们需要的只是合适的方法，以及足够的耐心和时间，更需要家长、教师及社会的包容和支持。体验式学习法，不是什么神奇的方法，只是促使更多的人在恰好孩子成长的年龄能支持孩子们的成长，用孩子喜欢的方式让他们在快乐中成长。

# “陪伴＋鼓励”是父母送给孩子最好的礼物

高蔼祺[①]

在小学阶段，学生的安全感和自信心很大一部分来自家长的陪伴与肯定。我个人认为小学是亲子陪伴的最佳时光，因为孩子需要家长在身边陪伴，一起经历学习和生活上的事情。在这个过程中，家长可以作为榜样影响孩子的成长，给予他们良好的引导。同时孩子自信心的建立，很多时候都来自他人对他们的肯定，家长对他们的鼓励尤为重要。

在计划里的两次亲子活动中，我们设计了一系列亲子互动游戏，希望我们的亲子能在活动中一起沟通互动，相互能欣赏到对方的优点，相互陪伴成长。通过体验式学习，让亲子间看到对方的优点，让家长和孩子能勇敢地将自己的欣赏表达给对方。

## 一、家长的陪伴与言传身教，为孩子树立正面形象

通过计划的两次亲子活动体验，家长会很惊讶自己的孩子和自己好像有心灵感应。开始，家长们会觉得孩子还小，不会明白自己的想法，但其实很多时候，家长在陪伴孩子的过程中，孩子也会留意自己父母的行为和感受，他们会不知不觉地进行模仿，家长只是忽略了孩子的模仿力和观察力。家长的言传身教，为孩子树立了正面的模仿形象。

## 二、家长拥有善于发现优点的眼睛，积极鼓励和赞赏孩子

在活动中，社工引导家长留意孩子的优点，适时给予鼓励，那可以是

① 高蔼祺，广州市启创社会工作服务中心“预防青少年违法犯罪项目”副主任，助理社会工作师，主要实务方向：青少年历奇辅导、家庭辅导、困境辅导、社区矫正及涉毒青少年辅导等。

一句鼓励的话语，也可以是一个大大的拥抱。亲子们都会积极投入体验环节，家长们也学会了在游戏中反思并重新审视自己平时对孩子的指令是否清晰，提醒自己要善于发现孩子的优点。通过游戏体验，家长们看到孩子积极正向的一面，当孩子做得好时就会积极地鼓励孩子，让他们感受到成功的喜悦。欣赏环节也是孩子和家长非常喜欢的，记得有一位家长说，当时看到儿子没有将欣赏贴纸送给自己，他就知道他要向其他的家长学习如何更好地和自己的孩子相处，或许他真的要学习如何积极表达对孩子的鼓励和赞赏。

## 三、自我挑战的勇气，离不开父母的鼓励

在结业营里，我们设置了促进亲子成长的游戏。在分享时，社工留意到，大部分亲子间能以积极正向的话语鼓励孩子，希望他们能够在学习、生活上做得更好。结业营的攀岩活动，对于大部分小朋友来说要达到100分是需要勇气的，在家长和同伴的鼓励下，大部分的小朋友和家长都愿意尝试，突破自己。家长们不管自己能否达到100分，都在积极尝试，为孩子树立榜样，也会鼓励孩子积极尝试，攀岩墙上的学员能不断向上攀登和家长的鼓励是分不开的。还记得当时有一位女学员因为有恐高症，在攀岩墙上就哭了，家长勇敢地登上攀岩墙为她加油打气，在家长和同伴的鼓励下，她考虑了许久，抹干眼泪，终于勇敢地向上攀去。当她登上了攀岩墙后，妈妈和爸爸都说：孩子，不怕的，爸爸妈妈拉着绳子保护你，尽你最大的能力前行就可以了。虽然这位学员并没有到达100分线，但她勇敢地超越了自己，这也是亲子陪伴与鼓励的结果。

对于孩子而言，父母的陪伴和鼓励是他们最渴望的，因为这是其他人的鼓励无法代替的。孩子成长的时光或许是短暂的，希望父母把这份最好的礼物给予自己的孩子！

# 实习中偶遇的“抗逆小穗星”

张 欣[1]

刚接触“抗逆小穗星”课程的时候，我还只是个大三的学生；刚接触“抗逆小穗星”课程的时候，我还不知道其实它是一个为期一年的计划，持续一年的系列服务。那时候，我懵懵懂懂地加入了那一年“抗逆小穗星”课程里面零星的几场活动，但每一次活动中都有属于我的“小穗星”。

## 一、第一次的“小穗星”：我知道了“游戏”的意义

作为一个大学生，曾经以为，游戏就只单纯是游戏，只是为了让服务对象能够轻松、愉悦。而在第一次学生小组的观察、协助中，我看到的是同学们的投入与尽情，作为“第三者”看着也很快乐。然后到了最后分享的环节，我才知道，那才是整节小组的重点与核心。印象最深刻的是一个“飞越黄河”的环节，在那个环节中，有些同学会埋怨，有些同学会沮丧，他们从一开始的频频失误、丢板，到后来每个人手牵手形成一道亮丽的风景线，那种成就感真的把我感动了。分享的时候，社工先肯定了大家的努力与付出，当时小组员们都乐开了花。接下来，社工开始引导组员回顾整个游戏过程的细节之处，譬如大家所遇到的困难、在关键时刻让他们坚持下来的东西、组员间的互动等。我第一次知道了，为什么社工的活动都会有游戏，因为那是更深刻的感悟——体验式学习。无论是小学生还是大人，体验过后都会有属于自己的体会和感悟。而这个，就是游戏的意义。

---

① 张欣，广州市广爱社会工作服务中心新雅街社工服务站主任，社会工作师，从事社会工作服务 9 年，具有学校社会工作、青少年服务、家庭服务、志愿者培育与发展、社区综合服务等多方面经验。

## 二、第二次的"小穗星"：迈出了接触家长的第一步

当时的实习，很幸运可以作为"第三者"向一个家庭辅导专家学习如何做家庭辅导。开始，我还是习惯性地单纯聆听。然而在一次"抗逆小穗星"课程的亲子活动中，我竟然可以很自然地跟家长交流了，也从此触发了我想要深入研究亲子互动的欲望。在"盲侠听声剑""七巧板"的环节中，我听到很多家长小声地在对自己日常与子女沟通的技巧进行反思，我因为受到触动，也加入了爸爸妈妈的讨论中，一起总结出一些亲子沟通的小技巧。在午饭时间，安排了子女为父母按摩、喂爸爸妈妈喝汤等互动环节，很多的温馨动人场面至今仍历历在目。还记得一个爸爸的分享："在教导孩子的时候，当指引的声音很多的时候，孩子会觉得很茫然，而指引的语言是要很具体很清晰的，因为每个人的理解都不一样。所以，我们要站在孩子的角度，让孩子能够理解爸爸妈妈的意思。"

## 三、第三次的"小穗星"：抗逆力的魅力

那个时候的我，没有好好学习理论，更没有什么实务基础，然而在"抗逆小穗星"课程中我找到了自己的突破口。第一次接触到了"抗逆力"这个词，也感受到它的魅力所在。在整个的"抗逆小穗星"课程中，从学生到家长再到亲子互动，各个环节都围绕着抗逆力的三大核心元素：效能感、归属感和积极信念。每一次的活动分享、每一次的活动后总结，都是先肯定再反思，最后欣赏再肯定这样的一个流程模式，让参加者、工作员都能够肯定自己的能力、付出，从而提升参加者的效能感，让他们相信自己的能力，再互相欣赏，从而树立积极信念，巩固团队的凝聚力。无论是参加者还是工作员，都能够保持积极的心态，让自己成长。遇到困难的时候，也能够相信总会有解决的办法。这让我开始学着先去欣赏，再去寻求完善，一点一点地进步着。

后来，我更知道"抗逆小穗星"课程是一个以"抗逆力"三大元素为介入点，协助服务对象面对儿童期的生命任务的系列课程，具体包括：建立自信心、正向的自我形象、成就感、解决问题的能力、正向的思维方

式、人生目标等。我突然发现，抗逆力的魅力正慢慢融进我的工作、生活中。

当我历经了一些磨炼，累积了一定的经验，再回顾当年的“抗逆小穗星”课程时，虽然身份不一样了，然而所有的触动都留了下来。在日常与青少年的接触中，我们不难发现他们在遇到困难时的无助、迷茫，有的甚至选择一再地逃避。久而久之，他们对自己解决困难的能力有了疑问，他们的自信心开始受到影响。因此，在服务中，逐步引入“抗逆力”的理念，通过自我效能感的提升，让他们相信自己的潜能，才能更好地培养他们解决困难的能力，培养他们正向的思维方式，建立正向、自信的自我形象，使他们更加积极地面对生活、学习。

我庆幸，在实习中偶遇了“抗逆小穗星”课程，因为它，让我在一次一次的体验中不断突破，努力成为更好的自己。

# 后　记

## 风雨十五载，一路同行共成长！

广州市启创社会工作服务中心（以下简称启创）自2008年成立以来，一直非常重视儿童青少年的社会工作，专门设置了儿童及青少年服务部，以满足儿童青少年多元化的需要。抗逆力的提升是儿童青少年成长阶段的重要课题，部分学校及家长也发现了儿童青少年在该方面日益增长的需求。在启创尚未成立之前，感谢香港林护基金会投入资金支持内地本土社工培育，促使中山大学教育与研究中心培育出第一批中大社工毕业生，开展了本土的儿童青少年抗逆力培养服务。在这批最早的中大社工中，有一些就是后来启创的“元老”员工，后来的启创人。从2005年开始，“抗逆小穗星”小学生抗逆力培养课程一直延续至今，过程中启创人进行了多种尝试，积累了大量宝贵的本土化实践经验。因此，我们将这些经验进行总结梳理，分享给有需要的人，成为我们编写本书的一个初衷。

本书得以出版，要感谢出版社的热心支持，感谢香港小童群益会对课程的技术支持，感谢初期参与课程的广州市越秀区文德路小学、东山培正小学、农林下路小学、永曜北小学等多所小学，感谢计划中提供支持与指导的老师们，感谢过程中积极参与的同学与家长们。

本书集结了历年来服务策划之精华，集服务带领者与负责人的心血于一体。在成书的过程中，主编罗观翠教授给予了高度的重视，对书稿提出了宝贵的意见；编辑小组成员陈敏仪、刘玉珊对书稿反复修改，付出极大努力，使得本书如期出版；陈丽东、陈香君、高蔼祺、黄结笑、叶颖婷、余婉雯、张欣、钟宇慧、孙晓寒等课程参与者，积极撰写心得文章，分享实践秘籍。

我们相信，这套成熟的儿童抗逆力课程能够为老师、家长及社工同行提供帮助，并能够为儿童青少年抗逆力服务的探索发挥独特而重要的作用。我们也期待本书能够成为未来继续服务和交流经验的平台，与关注儿童青少年健康成长的同人们一起前进！

# 参考文献

## 中文参考文献


［1］田国秀．从抗逆力视角对问题少年实施干预［J］．中国青年研究，2006（11）：5－9.

［2］范燕宁．抗逆力在青少年成长过程中的两面性特点［J］．中国青年研究，2006（11）：9－11.

［3］席小华，王韶坡．犯罪少年抗逆力的恢复［J］．中国青年研究，2006（11）：13－16.

［4］周晓虹．社会变迁及其对中国青少年成长与发展的挑战［J］．中国青少年研究，2006，12（2）：715－717.

［5］俞国良．健康从幼儿的心灵抓起［N］．中国教育报，2004－11－26.

［6］逯长春．变迁社会中的家庭教育：困境与发展对策［J］．广西师范学院学报（哲学社会科学版），2019（1）：35－40.

［7］韩文英．独生子女家庭教育问题探析［J］．管理，2018（10）：45.

［8］吴丽琴．性侵害受害者之复原力探讨与建构［J］．辅导季刊，2003（39）：57－63.

［9］蔡素妙．921受创家庭复原力之变化分析研究［D］．彰化：彰化师范大学辅导与咨商系研究所，2002.

［10］蔡素妙．复原力在受创家庭咨商复建工作中的应用［J］．辅导季刊，39（2）：42－49.

［11］郑锋铭．受刑人家庭复原力的探讨［J/OL］．网路社会学通讯期

刊：http://mail. nhu. edu. tw/ ~ society/e – j/56/56 – 43. htm.

[12] 郝传慧，雷雳. 青少年心理弹性的效用与提升 [J]. 中国青年研究，2007 (1)：72 – 75.

[13] 于肖楠，张建新. 韧性——在压力下复原和成长的心理机制 [J]. 心理科学进展，2005 (5)：658 – 665.

[14] 香港小童群益会. 培养幼儿处理逆境能力教师手册 [G]. 香港小童群益会. 2001.

[15] 王春一. 新课改背景下小学教育改革的几点思考 [J]. 中国高新区，2018 (5)：124.

[16] 郭克平. 关于新课改背景下小学教育改革的有效思考 [J]. 教育反思，2018 (3)：59 – 60.

[17] 卓彩琴. 生态系统理论在社会工作领域的发展脉络及展望 [J]. 江海学刊，2013 (3)：113 – 119.

[18] 石丹理，马庆强等主编. "共创成长路" 青少年培育计划概念架构及课程设计手册 I [M]. 上海：学林出版社，2007.

[19] 石丹理，韩晓燕，马庆强主编. 青少年正面成长课程 Ⅱ [M]. 上海：学林出版社，2010.

[20] 香港小童群益会 – 全方位校园支援计划. 抗逆小火箭 [G]. 香港小童群益会，2006.

[21] 经理人培训项目编写组编. 培训游戏全案 [M]. 北京：机械工业出版社，2014.

[22] 香港青少年服务处. 辅导点只靠把口 [M]. 香港：策马文创有限公司，2016.

[23] 黄干知，梁玉麒编. 一万再玩 [M]. 香港：策马文创有限公司，2014.

[24] 曾凡林. 以正面教育培养积极向上的孩子 [J]. 家长学校：中小学版，2011.

[25] 王伟卫. 家庭教育中父母和孩子沟通策略研究 [J]. 中国校外教育，2019.

[26] 郭艳尊．浅谈好奇心对培养幼儿学习兴趣的影响[J]．青年时代，2015（7）.

## 英文参考文献

[1] Edith H. Grotberg. (1998). A Guide to promoting resilience in children: strengthening the human spirit. http://resilnet. uiuc. edu/library/grotb95b. html.

[2] Goldstein, etal., *Handbook of Resilience in Children.* (New York: Kluwer Academic Plenum Publishers, 2005).

[3] James Patrick Coyle, "An Exploratory Study of The Nature of Family Resilience." The State University of New York. *School of Social Work.* (2005), pp. 18 –24.

[4] Nan Henderson & Mike Milstein, *Resiliency in schools: Making It Happen For Students and Educators.* (Thousand Oaks, CA Published by Corwin Press, 1996).

[5] Epstein, N. B., Bishop, D., Ryan, C., Miller, I., & Keitner G.. (1993). In F. Walsh (Ed.), Normal family processes. New York: Guilford.

[6] Maccoby, E. E. &Martin, J. A. (1983). Socilizaiton in the context of the family: Parent-child interaction. In E. M. Hetherington (Ed.), Handbook of child psychology: Vol. 4, socialization, personality, and social development. New York: Wiley.

[7] Werner, E. E., Smith, R.. *Overcoming the odds: High risk children from birth to adulthood. Ithaca* (NY: Cornell University Press, 1992).

## 电子文献

[1] 香港特别行政区教育局网．成长的天空计划（小学）。https://www. edb. gov. hk/tc/teacher/student-guidance-discipline-services/projects-services/understanding-adolescent-project-primary/index. html.

[2] 搜狐网．儿童做家务年龄对照表，舍不得用孩子才害了他！http://www. sohu. com/a/316156720_539125? sec = wd.